국어 수업을
시작하겠습니다

국어 수업을
시작하겠습니다

우리말 수업 연구회 지음

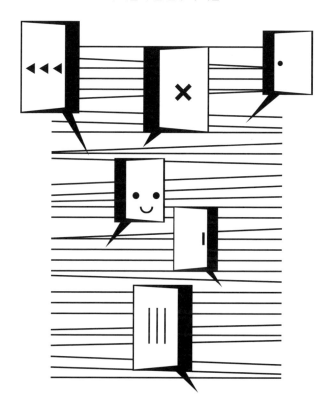

단비
danbi

차례

얼마 전 해외여행을 할 기회가 있어 '여행자 보험'을 들게 되었다. 전화로 상담하며 보험을 가입했던 예전과 달리, 요즘의 대세는 휴대 전화로 직접 가입하는 것이었다. 코로나 시절 이후 처음 가 보는 해외여행이라 여행자 보험에 어떤 항목을 선택해야 할지 시작 전부터 긴장감이 들었다. 앱 설치의 과정부터 천천히, 간혹 다시 돌아가기도 하며 어찌어찌하여 보험 가입을 끝냈다. 그런데 보험 가입을 끝내고 나서 든 느낌은 무언가 편안하다, 친절한 설명을 해 주어 기분이 좋았다는 것이다. 보험 가입을 끝내기까지 과정에는 몇 번의 번복이 있었지만, 가입해야 할 항목에 대한 설명이 알기 쉬운 단어로 풀이되어 있어 어려운 보험 용어가 쉽게 이해되었던 것이다. 게다가 '해요체'의 문장으로 되어 있어 친근한 느낌마저 들었다. 그래서 나

한테 꼭 필요한 항목만을 편안한 마음으로 선택할 수 있었다. 어려운 용어를 우리말로 이해하기 쉽게 설명한 경우를 접한 아주 좋은 사례라는 생각이 들었다.

우리 연구회가 처음 연구회 활동을 시작한 이유도 이와 같았다. 모국어 사용자로서 국어는 우리말이니 잘 익혀야 하지만, 학생들은 국어 교과의 용어와 내용 이해에 어려움을 겪을 때가 많았다. 국어는 일상에서 늘 사용하지만, 이를 학문적으로 접근하려고 했을 때 어려움이 있었던 것이다. 물론 학문의 용어가 일상어와 달라 어렵게 느껴지는 것은 당연하지만, 수업 시간에 학생들이 잘 이해할 수 있도록 하기 위해서는 국어 교사인 우리가 노력을 기울여야 했다.

연구회 활동을 시작한 지 올해로 7년째. 우리가 모여서 의논하고, 수업 방법을 구상했던 것은 궁극적으로 학생과 교사가 '함께하는' 수업이었다. 우리 연구회는 중학교와 고등학교에서 근무하는 국어 선생님들이 만나서 이루어진 모임이다. 한 달에 한 번 토요일에 만나서 국어 수업에 대한 서로의 생각과 각자가 시도한 노력, 그 과정에서 일어난 고충에 대해 이야기를 나누었다. 그리고 우리가 겪은 어려움을 해소할 수 있는 방법들을 찾아보았다.

이 책은 그간에 우리가 나눈 이야기들과 시도들을 정리한 것이다. 우리는 해마다 연구 주제를 정하여 활동하였다. 그러다 보니, 차례에 있듯 '시 수업, 고전문학 수업, 문법 수업, 메타버스와 AI 수업, 연극과 팟캐스트 수업, 프로젝트 수업' 분야로 연구를 진행하게 되었다. '시, 고전문학, 문법'은 국어 수업을 갈래별로 나누는 전통적 기준이지만 '연극과 팟캐스트, 메타버스와 AI 수업'은 매체의 기술 발전, 작품의 전달 방식에 따라 국어 수업 분야를 새롭게 나누게 된 것이다. '프로젝트 수업'은 '소설' 갈래를 '역사' 상황과 연결 지어 프로젝트 수업으로 기획한 것이다. 학생 주도 수업, 융합적 사고력 신장을 위해 프로젝트 수업이 주목받고 있음을 고려하여 진행한 수업이었다.

각각의 수업 내용은 '우리들의 고민', '해결책 찾기, 시도', '그리고, 남는 생각들'로 구성하였다. 수업 현장에서 겪는 어려움을 '우리들의 고민'으로 정리하고 이를 해결하기 위해 연구회 선생님들이 시도한 방법들을 개별화하여 '해결책 찾기, 시도'에 담았다. 수업 진행 후의 깨달음과 아쉬움은 '그리고, 남는 생각들'로 마무리 지었다. 그래서 이 책은 우리 연구회의 진행 방향에 따라 연구회 선생님들이 개별적으로 진행한 경험들의 모음이 되었다.

시대가 변하면서 국어 수업의 풍경도 변하고 있다. AI 로봇이 교실에 들어온다면 국어 수업의 풍경은 더욱 급변할 것이다. 하지만 풍경이 바뀌어도 교육이 지향하는 근본적 가치는 바뀌지 않을 것이다. 교육을 통해 세상의 이치를 깨달아 각자의 삶을 바르게 살아갈 지혜를 갖추도록 하는 것. 그래서 스스로의 삶을 아름답게 누릴 수 있도록 하는 것 말이다.

윤봉길 의사는 글을 읽지 못하는 시골 청년이 동네 묘지의 팻말을 모두 뽑아 와서 청년 아버지의 팻말을 알려 달라고 했던 일을 겪고 나서 문맹으로 힘들게 살아가는 백성들을 깨우쳐야겠다는 다짐을 했다. 중국의 작가 루쉰은 중국 민중들이 쉽게 이해할 수 있는 백화문을 사용하여 중국 민중을 계몽시키고자 했다. 물론 아도르노는 계몽이 반민주적인 수단으로 전락하기도 했음을 비판하기도 했지만, 이는 계몽을 잘못 적용한 인간의 문제점을 지적한 것이므로 '계몽' 자체를 부정한 것은 아니었다. '계몽'은 '가르쳐서 깨우치게 하는 것'이다. 국어 교사로서 우리는 학생들이 깨우침의 기회를 얻어 스스로의 삶을 가치 있게 살아갈 수 있도록 해야 할 것이다.

해외여행지는 중국 상하이였다. 상하이의 중심부 건물 52층에 위치한, 중국에서도 꽤 유명한 서점에 갔는데, 그곳에서 '한강' 작가의 책이 올해의 노벨상 수상자라며 중국어로 번역되어 판매되고 있었다. 한국인이 해외에서 주목받고 있다는 것에 어깨가 으쓱하기도 했지만, 그의 작품이 세상의 모든 이들에게 깨우침과 감동을 주고 있다는 것에 더 큰 자부심이 생겼다. 우리가 수업 시간에 만나는 아이들도 이렇게 무한한 잠재력과 가능성을 지니고 있을 것이다.

이 책이 나올 수 있었던 것은 한 걸음 더 나아가는 국어 수업

국어 수업을 시작하겠습니다

을 위해 함께 고민한 '우리말 수업 연구회' 선생님들의 성실함 덕분이다. 이 자리를 빌려 연구회의 동고동락을 함께 해 주어 고맙다는 마음을 전한다. 연구회 활동이 서로에게 큰 힘이 되어 주고 있음을 우리는 만날 때마다 깨닫는다. 어려운 출판 상황에도 우리의 글을 선뜻 받아 주신 단비 출판사의 김준연 사장님께도 고마운 마음이 가득하다. 둔탁한 글을 꼼꼼히 살펴 주고 바로잡아 준 최유정 편집장님과 편집부, 디자인부 선생님들께도 고마운 마음을 보낸다.

　교사와 학생이 함께하는 수업, 그래서 수업 시간이 즐거울 수 있기를, 그 즐거웠던 수업의 어느 한 순간이 자신의 삶을 아름답게 가꾸어 가는 데 힘이 될 수 있기를 소망해 본다.

2025년 1월
우리말 수업 연구회 회장 전희선

1. 시 수업

두 마리 토끼 : 다음 시를 '감상'하고 '문제'를 해결하시오?!

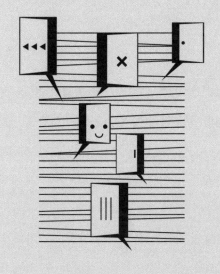

우리들의 고민

시詩에 우리 삶을 반영하고, 시詩를 통해 삶을 돌아볼 수 있다면, 시詩 수업을 하면서 문학의 아름다움을 느끼게 할 수 있을까? 그렇게 하고 싶다는 것이 우리 연구회 선생님들의 생각이었다. 그런데 어쩌면 이것은 모든 국어 선생님의 바람인지도 모르겠다.

학교급별로 시를 대하는 분위기와 방법에는 차이가 있는데, 고등학교의 경우 교과서에 나오는 시는 감상할 수 있는 작품이 아니라 시험을 치르기 위한 '글덩이'로 존재할 때가 많다. 학생들은 주제나 핵심어, 시적 화자의 상황, 〈보기〉에 나온 시대적 배경 등을 빠르게 파악한 후 문제 풀이에 돌입하며, 그 이상의 공감이나 의미 찾기는 하려고 들지 않는다.

국어 수업을 시작하겠습니다

교과서나 문제지에 실린 작품을 '예술 작품'으로 대하기를 어려워하는 것 같아, 청소년을 대상으로 편집한 시집을 나눠 주고 시를 감상하는 시간을 만들고자 시도해 본다. 시에 공감하며 즐겁게 읽는 모습을 볼 수 있으나, 이런 활동은 수능 유형의 문제 풀이와는 거리가 멀다. 청소년의 삶을 그려 냈으므로 시에 공감하기는 좋으나, 화자가 처한 상황이나 감정을 비유나 상징 등의 시적 장치에 기대지 않고 직접 드러내는 형식의 작품이 대부분이라 난이도가 높은 문제를 만들어 내기 곤란(?)한 것이다. 이런 고민은 고등학교 교사이기 때문에 하게 되는 것 같다. 고등학교 문학 시간은 단지 문학 작품을 감상하는 것으로만 진행되면 안 될 것 같기 때문이다. 고등학교 문학 시간은 수능 문제 풀이에도 신경 써야 한다는 현실적 요구를 외면할 수가 없다.

그래서 어쩌면 중학교 시 수업이 시 수업의 본질에 더 가깝다고 할 수 있을지 모르겠다. 고등학교 입시를 고려해야 한다는 문제는 여전히 있지만 그 입시는 소수의 특별한 목적이 있는 학생들이 신경 쓰는 정도이니, 대부분의 학생들에게 시와 관련한 다양한 활동을 진행할 수 있기 때문이다. 시낭송하기, 시화집 만들기, 시를 다른 매체로 나타내기, 시극 만들기…. 하지만 중학교 시 수업에도 어려움이 없는 것은 아니다. 시를 감상할 수 있는 태도가 아직 갖추어져 있지 않아 시 수업 분위기가 부산하기도 하고, 시에 전혀 관심 없어 하는 학생들도 많기 때문이다. 그래서 차라리 입시 위주의 수업이 더 수월하다는 의견도 있다.

중학교나 고등학교나 궁극적으로 시를 즐기고 시 감상을 통해 우리 삶을 느끼게 하고 싶다는 소망은 지켜 내고 싶은 바이다. 그래서 우리는 시 수업에 대해 고민한다. 어떻게 하면 시를 버리지 않고, 시를 가까이 두고, 시를 즐기도록 할 수 있을까? 우리들의 고민은 『수능 특강』에 나오는 시를 문학 작품 감상으로써의 시로 즐겨 읽게 할 수 있는 방법이 없을까, 에서 맴돌고 있었다.

국어 수업을 시작하겠습니다

해결책 찾기, 시도

'시'의 내용이 뭔지 궁금해? 궁금하면 질문해!

질문을 수업에 적극적으로 활용하자는 아이디어는 연구회에 강사로 와 주셨던 선생님들로부터 얻은 것이다. 선생님들께서는 다양한 수업자료 및 경험을 공유해 주셨는데, 그중 인상적이었던 첫 번째는 바로 학습지였다. 교사의 질문이나 핵심 개념을 빈칸 채우기로 만든 형태가 아니라, '저자에게 궁금한 것은 무엇인가요?', '책의 내용을 이끌어 가는 핵심 단어가 무엇이라고 생각하나요?' 등으로 학생이 질문을 만들고 그에 대한 답을 채우는 방식이었다. 그림책을 읽고 학생들과 토론 수업을 진행한 내용도 무척 특별했다. 그림책을 제시했을 때 학생들의 반응은, "왜 하필 그림책이에요? 글도 아닌 그림에서 어떻게 질문을 만들어요?"라는 막막함이었다고 한다. 그 막막함에 대해 서로 이야기를 나누는 것이 출발점이었다. 설명이 별로 없는 그림을 보며 이야기를 만들고, 서로 다른 상상력을 펼치고, 질문을 하고, 그것이 토론으로 이어지는 과정은 무척 감동적이었다.

막막함. 학생들이 시를 봤을 때의 느낌이 바로 막막함이 아닐까. 비유적인 단어, 일상적이지 않은 표현. 그 막막함은 나만의 것이 아니라 그 시를 처음 접하는 모두가 마찬가지이니, 묻자! 이상한 내용과 표현에 대해 편하게 물어보는 것을 시 수업의 시작으로 잡는 것이 좋겠다는 생각이 들었다.

우리 모둠은 윤동주의 「자화상」 수업을 위해 지도안을 작성해 보았다. 내용과 형식에 관련된 질문을 만들어 작품 이해하기와 '자아'에 대한 태도가 다른 시 작품인 이상의 「거울」을 비교하여 자아를 대하는 자기 모습에 대한 글쓰기로 3차시의 수업 내용을 구성하였다.

시는 A4 용지의 1/4 크기만 한 색지에 예쁜 글씨체로 인쇄하여 학생마다 나누어 주었으며 별도로 정리된 활동지 등을 만들지는 않았다. 일반적인 용지의 학습지를 받으면 그것을 '정해진 형식'에 따라 채워야 한다는 압박감을 줄 수 있다는 생각이 들었기 때문이다. 한 손에 쏙 들어오는 크기의 종이에 예쁘게 인쇄된 시가 마음에 들었는지 귀엽다며 좋아하는 모습들이었다.

앉은 대로 4명씩 모둠을 나눈 후, 우선 '마음에 드는 단어, 뜻이 궁금한 단어, 시를 읽고 떠오르는 단어'에 대해 모둠 칠판에 써 보게 하였다. 첫 과제는 그저 단어 세 개를 쓰기만 하면 되는 것이라 수업의 마중물 활동으로 무척 좋았다.

"우물, 이라는 단어의 어감이 예쁘고 귀여워요."

"우물, 하면 왠지 혼자 있는 느낌이 들어 안쓰럽고 가여워요."

"파란, 이라고 해도 되는데 왜 굳이 '파아란'이라고 '아'를 하나 더 썼을까요?"

"사나이, 는 아마 자기 자신인 것 같은데 왜 3인칭으로 '사나이'라고 남처럼 표현했을까요?"

등, 단어 고르기 활동은 자연스럽게 시에 관한 질문 만들기로 연결이 되었다. 시를 읽고 떠오르는 단어로 '가위'를 고른 모둠은, 그 이유로 "사나이와 시적 화자는 '되고 싶은 나'와 '그에 미치지 못하는 나'를 연상시키는데, 마치 한 개이지만 벌리면 두 조각으로 크게 벌어지는 가위와 비슷해요."라고 했는데, 그것이 마치 한 편의 시처럼 아름답고도 명쾌하여 무척 놀랐다.

"마음에 드는 단어가 1(하나)도 없어요."

꼭 이런 모둠이 나오기 마련이다. 슬슬 올라오려는 성질머리를 부여잡고, "그럼, 가장 마음에 안 드는 단어를 골라 볼까요? '왜 이 시는 이토록 재미없는가? 그것은 바로 무엇무엇 따위의 단어를 썼기 때문이다. 차라리 이러이러하게 표현하지.'와 같은 주제로 이야기를 나누어도 좋습니다." 하며 허용적인 분위기를 조성하자, 냉소적이고 시큰둥한 분위기가 다소 사라지고 이야기가 진전되는 모습을 보였다.

단어 고르기 이후의 과정은, 모둠별로 질문을 세 개씩 만들게 하여 서로 만든 질문들을 공유하고, 그중 모든 모둠이 공통으로 답을 생각해 볼 질문 세 개를 골라 그에 대한 답을 발표하는 것이었다. 이미 단어 고르기 활동에서 질문은 웬만큼 완성이 되었는데, 이중 내용과 형식을 파악할 수 있는 질문으로 질문의 내용과 유형이 다양해지도록 모둠을 돌아다니며 조금씩 첨언을 하였다. 세 개 반의 학생들과 이 수업을 해 보았는데, 뒤로 갈수록 진행 요령, 즉 학생들의 생각을 끌어내는 요령이 생김을 스스로 느꼈다. 처음에는 시를 나눠 주고 과제를 안내하는 정도에서 그쳤으나, 점차 모둠마다 돌아다니며 이야기를 엿듣고 '그렇지 아주 지적인 모둠인걸? 나도 그 말에 동의! 그런 얘기가 나왔다면 이런 방향으로 가 보는 건 어때?'라고 하는 등의 약간의 개입만으로도 활동의 적극성이 눈에 띄게 올라갔다.

바람의 색을 파랗다고 한 이유는?
 - 자화상은 그림이니까 바람이 파랗다고 함으로써 가을바람의 선선한 느낌을 회화적으로 표현하려고 한 것 같다.

- 우물을 통해 물빛과 함께 보았기 때문에 바람을 파랗다고 표현한 것이다.

왜 자기 자신을 사나이라고 표현했을까?
- 자신뿐만 아니라 독자들이 감정이입을 할 수 있도록 하려고.
- 스스로가 괜찮게 느껴졌던 과거와 그때와는 다른 현재의 모습을 구별하기 위해서.

비춰 볼 수 있는 사물 중 가장 좋은 것은 거울일 텐데 왜 우물을 골랐을까?
- 우물은 그 자리에 고정된 것이므로 들고 다닐 수가 없으며 자연환경과 함께 조화를 이룰 수 있는 사물이다. 답답함을 느낀 시적 화자가 뛰쳐나와 걷다가 우연히 우물을 발견하고 자신을 비춰 보며 생각을 정리하는 것은 자연스럽지만 걷다가 거울을 보는 것은 어색하다.

기대했던 것보다 훨씬 깊은 수준의 대화를 주고받는 학생들을 보며 무척 만족스러웠다. 더군다나 이 수업은 수능시험 이후 체험학습을 쓰지 않고 학교에 나온 고3 학생들을 대상으로 진행한 것이었다. 평가의 압박에서 벗어나 있는 때라서 그런지 오히려 진지하고 즐겁게 활동에 임하는 모습이었다. 여기서 자신감을 얻은 나는 이후 질문 만들기 수업을 시뿐만 아니라 여러 문학 작품을 감상할 때 다양하게 활용하곤 하였다.

그러나 작품을 놓고 여러 이야기를 편하게 할 수 있는 것은 좋았지만 과연 이것이 학생들의 내신 성적이나 수능 등급에도 좋은 영향을 미칠 수 있는 수업인지에 대한 불안감이 있었다. 소위 말하는 '핵심 내용'으로 들어가기 전에 곁다리로 빠지는 일이 많았고, 생각해 놓은 방향으로 전환하기 위해 무리하게 개입하다가는 기껏 만들어 놓은 흐름을 깨뜨리기 십상이었다. 이 수업이 과연 '감상' 이외에 '지식적인' 측면에서 얼마나 도움이 될 수 있을까? 정기 고사를 보고 평가를 통해 등급이 나누어지도록 출제해야 하는 교사로서, 자유로운 감상 시간 이후에 별도의 시간을 마련하여 일반적으로 어떤 유형의 문제가 출제되고 여기에서 '출제자의 의도'는 이런 것이므로 이것을 꼭 기억해야 한다는 강의를 할 때마다, 감상의 폭을 열심히 넓혀 놓은 후에 다시 시험용으로 울타리를 만들고 있다는 느낌이 들기도 하였다.

'시'의 내용이 뭔지 궁금해? 선생님의 질문을 따라와

학생들이 스스로 질문을 만들고 시를 감상하게 하는 수업은 주어진 시간 안에 진도를 나가고 평가도 해야 하는 정규 시간에 자주 이용하기는 어려웠다. 또한 고등학교 교사로서 학교 시험에 대비한 수업으로 이어 가기에 아쉬움이 있었다. 차라리 교사가 먼저 핵심 내용을 끌어내는 질문을 주고 모둠별로 혹은 짝과 함께 답을 찾을 시간을 주고 함께 정리하는 방식으로 나간다면 내가 원하는 방향으로 수업을 이끌어 가기에 훨씬 수월할 것 같다는 생각이 들었다.

2021년도는 김종삼 시인 탄생 100주년이기도 하여 연구회 시 활동으로 김종삼 시인의 작품 읽기를 진행하였고 활동의 하나로 당시 고3 수업을 하고 있던 선생님들은 김종삼 시인의 시들이 수능 혹은 모의 평가에서 어떤 방식으로 출제가 되었으며 이를 위한 적절한 수업 방법이 무엇인지 연구해 보았다.

수능에 출제되는 시 문제가 대부분 그러하지만 처음 접하는 시라도 '문제 풀이' 자체는 해낼 수 있도록 구성된다. 이를 위해서는 배운 작품을 통해 다른 작품을 해석해 낼 수 있도록 다양한 생각거리와 활동 거리를 던져 주는 것이 중요하기에, 3학년 수업 현장이지만 시 감상을 활용한 다양한 수업 방법을 고민해 보았다.

수능 대비 문제지와 기출 문제지에서 김종삼의 「묵화」, 「누군가 나에게 물었다」로 만든 문제를 뽑아 유형을 분석하고, 학생들이 이 문제를 풀기 위해 알아야 할 것들을 질문 형식으로 만들었다. 시적 정조, 시적 상황의 개념을 설명하고, 함께 제시된 작품과 선지에 나온 여러 작품의 시적 정조, 상황, 시대적 배경, 시어의 의미를 파악할 수 있도록 질문을 배치하였다. 이후 「묵화」와 관련해서는 작품의 시적 분위기가 잘 드러날 수 있는 시화 그리기, 시적 분위기가 유사한 일러스트나 영상물 찾기, 「누군가 나에게 물었다」와 관련해서 장소와 삶을 연관 지을 수 있는 사례 찾아보기 활동을 넣어 지도안을 만들었다. 이것은 지리나 사회 과목과의 융합도 가능하여 그럴싸해 보이는 지도안 만들기에 큰 보탬이 되었다. 또한 시를 패러디하여 자신의 진로 희망이나 진로 방향에 대한 가치관이 드러날 수 있는 시를 써 보는 활동도 제안할 수 있었고 학생들이 활동만 잘해 준다면 교과 세부능력 특기사항 기재까지 이어질 수 있어 그야말로 '수업-평가-기록'의 일체화를 이룰 수 있는 지도안으로 보이기는 했다.

그러나 실제 고3 수업에서 시화 그리기나 일러스트 찾기 활동을 할 수는 없었다. 이 시와 관련하여 이러한 활동이 가능하니 교과 세부능력 특기사항에 넣어 보고 싶은 학생은 준비해 오면 발표할 시간을 마련해 주겠다고 안내는 했지만 그렇게 해 오는 학생은 많지 않았다. 시를 패러디하여 진로 방향을 써 보는 활동도 무척 재미있을 거라는 생각이 들었지만 쓰고 발표하는 것만 적어도 2차시는 걸릴 것 같아 포기했다.

그래도 시의 내용을 강의식으로 일괄 설명하지 않고 몇 분만이라도 스스로 작품을 읽고 해석할 수 있도록 간단한 질문을 주고 답을 먼저 찾은 모둠에 보상을 주는 게임 같은 활동은 잠시나마 수업에 활기를 주어 덜 지루한 수업을 만들어 주었다. 『수능 특강』의 어떤 내용보다도 시 수업이 그나마 '문학 수업'다운 형태가 된 것은 이

때 연습한 질문 만들기 덕분이었다. 시마다 곱씹을수록 다양한 활동, 재미있는 활동이 가능하고 한 시간 만에 끝내기는 아까운 활동들이 많았으나, 고3 수업은 최대한 많은 작품과 문제를 다루어 줘야 하기에 아쉬웠다. 그 아쉬움은 이후 1, 2학년 학생들과 교과서를 바탕으로 시 수업을 할 때 훨씬 유용하게 활용할 수 있었다.

시간은 아쉽게, 결과지는 단출하게, 발표는 편하게 – 고1, 2 수업

처음에는 학생들이 답을 찾을 수 있는 충분한 시간을 주는 것이 중요하다고 생각했다. 완성도가 높을수록 학생들이 느낄 수 있는 성취감도 높으리라 생각했기 때문이다. 그러나 같은 반에서도 모둠마다 과제를 완성하기까지 원하는 시간은 제각각이었고 결과물의 수준도 제각각이어서 이를 정리하고 다음 과제로 이끌기까지 드는 시간은 어차피 비슷하다는 것을 알게 되어 질문 당 답을 정리하는 시간을 2분 이내로 주었다. 대신 선행학습을 한 학생들이 싱겁게 답을 써 내는 일이 없도록, 성적에 상관없이 자기 생각을 이야기할 수 있게끔 질문에 공을 들였다.

시를 이미지로 표현하는 활동도, 처음에는 다양한 재료를 나누어 주고 그리게 했으나, 이후에는 사진을 찍게 하거나 펜 하나만 주고 단순하게 표현하는 것으로 바꾸자 그림을 못 그리거나 수업에 관심이 적은 학생들도 키득거리며 부담 없이 활동에 임하는 모습을 보였다.

박용래의 「울타리 밖」 첫 시간에 학생들에게 준 질문은 다음과 같다.
- '마늘쪽같이' 생겼다는 고향 소녀의 머리를 그려 보기.
- '한여름을 알몸으로 사는 고향의 소년'에서 소년의 이미지나 성격 유추하기.
- 4연을 바탕으로 '마을'은 어떤 공간을 의미하는 것인지 생각해 보기.
- 1연은 두 가지 의미로 해석이 가능하다. 어떻게 해석할 수 있을까?

모둠 칠판을 나눠 주고 4문제의 답을 적는 시간을 8분 정도 주었다. 뒷면이 고무 자석으로 된 모둠 칠판은 학교 칠판에도 잘 붙어 서로의 결과물을 비교하기에도 매우 좋은데 특히 1번 문제에 대한 이미지가 제각각이라 답을 확인하자마자 크게 웃으며 시작할 수 있었다. 또한 마늘'쪽'이 무엇인지 몰라 마늘'종'이나 통마늘에서 연상한 그림들도 있어 이후 수업부터는 마늘쪽이 뭔지 간단하게 설명하고 과제를 주었다.

"소녀의 머리를 알싸한 마늘에 비유한 것을 보니 장난기 많고 말괄량이일 것 같아요."

눈꼬리가 올라갈 정도로 머리를 야무지게 묶은 활달한 여자아이를 그려 놓았다.

한여름을 '알몸'으로 산다는 묘사에 키득거리며, "부끄러운 줄을 모르나 봐요. 본능에 충실한 원시인 같아요."라는 학생들도 있었다. 이를 통해 때가 묻지 않은 순수한 이미지를 공통으로 끄집어낼 수 있었다.

'울타리 밖에도 화초를 심는' 마을에 대해서 참으로 아름다운 대답들이 나왔다.

"우리만 보는 게 아니라 남들도 함께 즐길 수 있게 울타리 밖에도 화초를 심었어요."

"내 것과 남의 것의 경계를 굳이 구분하지 않아요."

"집과 집 사이의 경계에 울타리가 아닌 화초를 심어 어우러지게 두었어요."

'밤이면 더 많은 별'이 뜨는 마을이라는 묘사에서, 학생들은 공기가 깨끗하고 인공적인 조명이 많지 않은 평화로운 시골 마을을 떠올렸다. 교과서에 나와 있는 시인의 출생 및 사망 연도를 보게 하고, 시인이 살았던 당시의 대한민국이 어떤 모습이었을지 알고 있는 대로 얘기해 보라고 하자 1960, 70년대의 부정적인 상황에 대해 사회 시간에 배운 내용을 저마다 자유롭게 말하였다.

"시 속 마을의 모습은 시인이 살던 시대에 비해 더 예전의 모습으로 보이지? 문제가 많은 현실 속에 살다 보면 순수했던 과거로 돌아가고 싶다는 생각이 들기도 할 거예요. 그것은 예전의 순수함을 되찾자는 의지일 수도 있겠지만 과거로의 회귀는 결국 '도피'라는 비판을 받을 수도 있죠. 우리는 문제 상황에 닥쳤을 때 잃었던 초심을 되찾기 위해 애쓰기도 하고, 과거를 잊고 새로운 미래를 도모하고자 노력하기도 합니다. 각자가 처한 상황에 따라 이 시가 위로가 될 수도 있고 답답하게 여겨질 수도 있을 것 같아요."

전달하고자 하는 내용이 질문과 응답에 고루 들어가고 학생 활동과 교사의 설명이 적절하게 조화를 이루었다는 생각이 들어 만족스러운 수업이었다.

정지용의 「향수」 수업
- 시적 화자의 어떤 곳이기에 그리워하는 것일까.
- 고향 사람들은 주로 어떤 일을 하며 살 것 같은가.

국어 수업을 시작하겠습니다

- 화자의 가족 구성원과 가족의 분위기, 가정 형편 등을 시어를
바탕으로 추측해 보자.

「가시리」와 김소월의 「진달래꽃」을 비교하는 수업
- 화자가 사랑하는 사람과 이별하는 상황을 구체적으로 상상해
  보자.
- 이별에 임하는 태도가 어떠한가.
- 태도를 보았을 때 화자의 MBTI는 무엇일까.

질문을 던져 주고 학생들의 답을 정리하며 교사가 방향을 잡고
이끌어 가는 수업은 학생들이 직접 질문을 만들고 답하는 수업의
아쉬움을 보완해 주는 면이 분명히 있었다. '지식적인' 측면을 전달
하기가 훨씬 수월하면서도 몇 차시나마 학생들이 스스로 감상해
보는 시간을 만들어 주었다는 뿌듯함도 있었다.

그러나 백석의 「남신의주 유동 박시봉 방」을 수업한 후 유사한
시기에 창작된 작품을 모둠별로 골라 시적 화자의 현실 대응 방식
을 비교할 때 생긴 일은 무척 당황스러웠다. 공교롭게도 공부를 잘
하는 학생들끼리 모인 모둠이 김광균의 「추일서정」을 선택했는데,
이 시의 모든 시어를 다 일본에 대한 저항으로 끼워 맞춘 것이다.
'포화에 이지러진-일제가 우리나라를 망가뜨린 거예요', '구겨진 넥
타이, 조그만 담배 연기-일제로 인해 삶이 피폐해요, 주권을 잃은

나라의 상황에 답답해 담배를 피우는 거예요.', '구부러진 철책—일본이 철책을 구부려 버린 거예요.' 하는 식이었다. 질문지의 '유사한 시기'와 '현실 대응'에 집중한 나머지 벌어진 일이었다.

정기고사 기간 전 학생들이 여러 업체에서 만든 예상 문제를 들고 와서 답을 달라고 할 때도 어려웠다.

"정지용의 「향수」 3연의 '함부로 쏜 화살'은 아무 데나 쏜 화살을 찾으러 다니는 상황으로 봐도 되고, 비유적인 표현으로 봐도 괜찮다고 하셨잖아요. 그런데 이 문제지에서는 시인이 실제로 화살을 쏜 것이 아니라고 하는데 왜죠?"

"시는 일기가 아니에요. 실제로 시인이 화살을 쐈는지보다 중요한 것은 뚜렷한 목표도 없이 무엇인가를 했을 때의 막막함을 전달하고 있다는 거예요."

"그러니까 이 시로 시화를 그릴 때 화살 쏘는 그림을 그리면 답이 돼요, 안 돼요?"

"하아…."

시적 화자와 시인의 차이, 주관적으로 해석이 가능한 부분과 보편적으로 합의할 수 있는 감상의 영역을 설명해 주어도 '정답'이 애매해서 문학이 정말 싫다며 짜증을 내고 울어 버리는 학생의 마음이 이해되면서도, 이 차이를 설득력 있게 전달하지 못하는 스스로도 무척 답답했다. 차라리 핵심 내용을 주입했다면 학생에게 이런 혼란을 주지는 않았을 텐데. 시의 감상과 지식 전달이 모두 가능한 수업을 했다고 자화자찬했던 것이 부끄러웠다.

"야, 감상은 감상이고 시험은 시험이야. 그냥 출제자가 그렇다면 그런 거야. 외워 버리면 편해."라며 우는 친구를 달래는, 국어 1등급 학생의 의젓한 위로는, 그 말을 함께 듣고 있는 나에게 씁쓸한 뒷맛을 남겼다. '그런 것이었구나. 두 마리 토끼를 한 번에 잡기는커녕 이 토끼를 잡고 저 토끼를 잡으려다 잡은 토끼마저 놓아주고 있었구나…'

살짝 설렜어 난 - 우리 시가와 일본 하이쿠 비교 활동

우리는 '프로젝트 수업'에 도전해 보았다. 강의식 수업이 주를 이루는 일반적인 수업 형태를 벗어나 학생이 중심이 되는 수업 방식을 제대로 연구해 보자는 것이었다. 우리 모둠은 우리 시가의 율격적 특징을 외국 시와의 비교를 통해 파악해 볼 수 있도록 '우리 시가와 일본 하이쿠 비교'를 주제로 삼았다. 하이쿠를 비교 대상으로 삼은 까닭은 '5-7-5'의 짧은 글자 수 때문이었다. 간단한 구조이므로 창작이나 감상에 부담을 주지 않고, 수업 시간에 진행하기에도 적당했다. 또한 SNS에 익숙한 학생들에게 하이쿠와 같은 짧은 구조의 글쓰기가 감성적으로도 유용하게 다가온다는 견해도 있었다.

마침 같은 모둠이 된 선생님은 우리 학교(여고)와 아주 가까운 위치에 있는 이웃 학교(남고) 선생님이었다. 남학생들은 유독 문학 수업을 힘들어하고 특히 자신의 감정을 표현하는 것 자체를 어색해한다. 가까운 여학교 학생들에게 시를 보여 준다고 하면 좋은 자극이 되지 않을까 싶어 이번 수업은 융합 수업으로 남자 고등학교에서 쓴 시에 대해 여자 고등학교 학생들이 답가를 쓰는 방식으로 진행해 보자는 아이디어가 나왔다. 두 학교 모두 제2외국어로 일본어 교과가 개설되어 있는 학교인지라 일본어 수업과의 융합 수업으로 지도안을 작성하였다.

먼저 우리 시가의 율격적 특징을 파악하는 수업을 했다. 우리 전통 시가의 정형률에서 근대 자유시로 변하는 과정에 나타난 7.5조의 율격이 민요의 3음보, 4음보가 자연스럽게 합쳐진 형태와 유사하다는 것을 김소월 시를 바탕으로 살펴보고, 글자 수에 따라 내용을 어떻게 표현할 수 있는지, 우리 시가에 나타난 주고받기 형식, 여기에 나타난 대구적 표현, 상대의 의사에 대한 나의 뜻을 전달하는 여러 방식과 언어유희에 대해서도 살펴보았다. 하이쿠의 특징은 일본 애니메이션 《언어의 정원》에 나오는 장면을 참고하였다.

아무리 짧아도 갑자기 시를 쓰라고 하면 어려워할 것이 분명하기에, 자신에게 영감을 줄 만한 이미지를 고르게 하였다. 자신이 쓴 시를 여학생들에게 보여 줄 것이라고 하자 남학생들의 반응은 매우 뜨거웠다고 한다. 직접 찍은 사진, 일러스트, 아름다운 풍경 사진 등 각자 원하는 이미지를 고른 후 전달하고자 하는 바를 5-7-5의 짧은 말에 넣기 위해 단어를 신중하게 고르며 열정적으로 수업에

시를 통해 시 쓴 친구의 마음을 읽고 정성껏 답을 달아 본다.

임했다고 한다. 직접 고른 이미지 위에 한 글자 한 글자 꾹꾹 눌러 담은 설레는 마음들이 여고에 근무하는 나에게 곱게 전달되었다.

처음에는 온라인 협업 플랫폼이나 오픈 메신저 등의 온라인 공간을 이용하고자 했으나, 어린 시절 이웃 학교 남학생들과 '펜팔'을 했던 추억이 생각나기도 하고, 아날로그한 방식으로 접근하는 것이 더 감성을 자극할 것 같다는 생각이 들어 컬러 프린터로 정성스럽게 출력을 했다. 학교 중앙의 대형 강의실에 보기 좋게 전시하여 가급적 많은 학생들이 볼 수 있도록 하고, 가장 마음에 드는 시에 5-7-5로 답가를 써 보도록 포스트잇을 배치해 두었다. 그리고 다음과 같은 주의 사항도 붙여 두었다.

여기 게시물들은 이웃 학교 남학생들이 쓴 '하이쿠'입니다. 하이쿠란. 5-7-5조로 된 일본 전통시로, 계절이 들어간 단어를 포함하여 자신의 감정을 간결한 언어로 표현하는 장르입니다.

이미지와 내용이 잘 어울리며, 내 마음에 감동을 준 작품을 골라 5-7-5조의 답가를 포스트잇에 써서 붙여 주세요. 여러분이 쓰신 답가는 이웃 학교 남학생들에게 전달됩니다.

이 활동은, 여러 학교 선생님들이 함께한 수업 연구회에서 일본어와 국어의 융합 수업을 만들어 보는 과정의 일부이며. 여기에 쓰인 모든 글은 연구회 자료로 활용될 수 있습니다.

* 당부의 말씀 *
자신이 쓴 시를 이웃 학교 친구들이 볼 수 있도록 허락했다는 것은 굉장한 용기입니다! 친구들에 대한 존중을 담아 감상해 주시고, 친구들이 쓴 작품을 찍어서 공유하거나 SNS에 올리는 일이 없도록 주의를 부탁드립니다.^^

나도 네 마음과 같다는 한 쌍의 로맨틱한 하이쿠가 완성되었다.

그날의 감정
너를 만나 결국에
우리를 이룸

만남의 설렘 뒤에 이별의 슬픔이라니, 무슨 일이 있었을까 상상하는 재미가 있다.

'함께라면'을 '참깨라면'으로 바꾼 언어유희가 돋보이면서도, 너와 영원히 '같
이'하고 싶다는 내용이 설렌다.

연구회 날 모아 놓은 시들을 정리하며 선생님인 우리가 더 즐겁
고 설렜던 것 같다. 소위 '드립'이라고 하는 말장난에 익숙한 학생들
이라 그런지 재기발랄한 작품도 많았지만, 생각보다 진지하고 감성
적인 작품도 많았다. 과감하게 자신의 전화번호를 남겨 놓은 소녀

들도 있었다. 역시나 피끓는 청춘들에게 시를 소통의 방식으로 사용하니 더더욱 좋았다.

시를 생활 속으로 끌고 들어와, 시도 의사소통의 수단이며 비유나 운율을 통해 더욱 매력적으로 마음을 주고받을 수 있음을 전달할 수 있는 유쾌한 이벤트였다. 교사와 학생 모두의 마음에 날아든 이 핑크빛 설렘은 꽤 오래갈 것 같다.

당신의 고민에 시를 처방해 드립니다. - 시詩 처방

이 수업은 같은 연구회의 중학교 선생님께서 보여 주신 수업에서 영감을 얻은 것이다. 나는 연구회를 통해 알게 되었으나 이미 전국국어교사모임 물꼬방을 통해 여러 선생님들의 경험담을 교사들의 개인 블로그 등에서도 볼 수 있었다. 자료도 풍부하고 만족스러웠다는 후기가 많았기에 자신감 얻고 이를 수행평가로 활용하기로 하였다.

활동에 그치지 않고 수행평가로 활용하기로 마음먹은 이유는 최소 성취 수준 보장 지도 때문이었다. 각 과목의 교수·학습이 끝났을 때 학생들이 성취하기를 기대하는 지식, 기능, 태도에 모두가 최소한의 정도로는 도달할 수 있게 하려면 학업 성취도가 낮은 학생도 즐겁게 임할 수 있는 과정이 필요했다. 고민을 쓰는 일은 누구나 할 수 있고, 고민에 어울리는 시를 창작하는 것이 아닌 '고르기', 왜

이 시를 골랐는지 이유를 쓰는 것도 누구나 할 수 있다는 생각이 들었다. 시를 고르려면 여러 편의 작품을 읽어야 하므로, 교사가 선정한 제재가 아닌 다양한 작품을 자연스럽게 접할 수 있는 기회가 되지 않을까 싶었다.

수업 전에 '매우 감성적인' 활동을 준비했다며 운을 떼웠다.

"이름도 '시 처방'이야. 아름답지 않아요?" 하며 처방전 형식의 종이와 봉투를 보여 주자 재미있을 것 같다는 반응이었다. 고민은 익명으로 작성한다는 것이 소녀들의 마음을 더 안심시켜 주었다.

아홉 개 반 이백 명가량의 학생들에게 가명을 선사하기 위해 온갖 꽃 이름 별 이름 산 이름 강 이름 등을 조사하느라 힘들었지만 즐거웠다. 혹시 글씨체를 통해 누군지 들통이 날까 싶어 고민을 받아 한글 파일로 옮겨 적었다. 고민을 나눠 줄 때는 자신의 반을 제외한 나머지 8개 반의 비율이 고르게 전달될 수 있도록 노력했다. 고민을 쓴 친구에게 전해 줄 처방전용 종이와 내가 채점할 종이 두 장을 나눠 주고 활동을 시작했다.

국어 선생님들의 도움을 받아 60권가량의 시집을 준비했다. 너무 어려운 시집이나 전집 등은 제외하고 청소년들을 대상으로 출판한 시집 위주로 구성했다. 대부분 한 손에 쏙 들어오고 디자인도 예쁘면서 작고 가벼운 책들이었다. 이를 학교 중앙의 대형 강의실에 비치하고 문학 시간마다 이곳으로 학생들을 불러 수업했다. 한 반에 대략 24명 정도여서 모두가 여러 종류의 시를 살펴보기에 적당했다.

　학생들의 고민은 진로 방향이나 성적, 친구 관계, 남자 친구와의 관계가 주를 이루었으나, 키우고 있는 강아지가 빨리 죽을까 봐 걱정된다거나 꽃을 좋아하지만 시들어서 슬프다, 친구들은 나를 밝다고 생각하지만, 사실 가면을 쓰고 사는 것 같다는 진지한 고민도 제법 있었다.

　누군지 모르는 친구의 고민에 대해 정성 들여 위로를 건네는 학생들의 모습은 무척 아름다웠다. 또한 처방전에 쓸 후보 시 세 개를 고르기 위해 모두가 시집을 손에 들고 '이거 완전 네 얘기다.', '이거도 읽어 봐. 너무 좋아.'라며 자발적으로 즐겁게 시를 찾아 읽는 풍경은 국어 교사 15년 만에 처음 보는 풍경이라 무척 감동적이었다. 처방전을 나눠 주고 받을 때 또한 좋았다. 고민은 익명이지만 처방전은 실명으로 작성하도록 했는데, 알지도 못하는 친구가 자신의 고민에 정성스레 시를 처방해 준 것에 고마워하며 직접 찾아가 인사를 하고 친구가 되는 모습까지도 볼 수 있었다.

한낮의 시며듦

　나에게 시 처방 수업을 알려 준 선생님도 이를 바탕으로 낭송회를 했다고 하였다. 중학생 아이들이지만 제법 가슴 찡하고 감동적인 시간이었다고 했다. 단 낭송회가 지루하거나 우스꽝스러워지지 않게 분위기 조성에 무척 애썼는데, 초청받은 친구들만 입장하도록 인원을 제한한다거나, 입장 시 소책자와 장미꽃 한 송이를 나눠 준다거나 하는 것이었다. 내가 특히 주목한 것은 자신을 낭송회에 초대해 준 낭송자에게 장미꽃을 선물하게 한 것이었다. 수고한 친구를 격려하고, 공연에 임하는 예절도 배울 수 있는 계기를 만들어 준 것이라는 생각이 들었다.

시낭송은 나조차도 진지하게 해 본 적이나 해 보려는 생각조차 없었고, 구경해 본 적도 없었던 것이나 이번에는 시도해 보고 싶다는 생각이 들었다. 수행평가를 할 때부터 좋은 작품은 뽑아서 낭송회까지 이어지게 할 것이며 낭송회 이름은 '한낮의 시며듦'이라고 미리 홍보해 두었다.

시낭송회는 1학기 말, 모든 평가가 끝나고 방학을 1주일 반 정도 남긴 수요일 진로 시간으로 잡았다. 그러나 낭송의 경험도 없고 낭송이 어떤 것인지 제대로 알려 주지도 않은 상태에서 자발적인 참가자가 나올 리가 없었다. 자발적 신청자는 단 두 명. 이대로 망할까 싶어 학생들의 수행평가를 다시 읽어 보고 특히 잘된 것들을 골라 찾아가서 섭외를 하기 시작했다. 의외로 이게 반응이 좋았다. '선생님이 내가 쓴 글을 선택했어!'가 학생들을 기쁘게 만든 것이다. 낭송회에 섭외한 학생들에게, 낭송회에 단 한 명의 학생 또는 선생님을 초청할 수 있으며 시낭송 때 뒤에 띄울 화면을 PPT로 만들어

오고 배경음악을 선정하도록 준비를 시켰다.

낭송 수업을 한 적이 없어 학생들끼리의 낭송회가 괜찮을지 걱정이 되었다. 낭송 경험이 있는 선생님들을 섭외하여 이를 무마해 보고자 했다. 낭송회의 시작과 끝에는 선배 국어 선생님들께, 중간에는 영어 선생님과 중국어 선생님께 외국어 시낭송을 부탁드렸다.

낭송회 당일, 선배 국어 선생님께서 첫 시작을 윤동주의 「서시」로 멋지게 열어 주셨다. 시의 아름다움을 처음 느낀 경험담도 덧붙이면서 낭송회의 분위기를 따뜻하고 진지하게 만들어 주셨다. 그분위기 그대로 학생들의 낭송이 이어졌다. 미래에 대한 불안함으로 막막해하는 친구에게 '지금 대낮인 사람들은 별들이 보이지 않는다, 지금 어둠인 사람들만 별들을 낳을 수 있다.'는 시를 처방한 시진이, 잘하는 것이 없는 것 같다는 친구에게 '밀가루 같은 놈'이라는 말을 듣던 화자가 밀가루로 칼국수를 만드는 유쾌한 시를 처방한 예원이, 특히 힘들어하는 친구에게 '어느 날 네가 메마른 들꽃으로 피어 흔들리고 있다면, 소리 없이 구르는 개울 되어 네 곁에 흐르리라.'는 시를 건넨 수빈이는 이 시와 관련하여 일찍 하늘나라에 간 친구의 사연을 덧붙여 큰 감동을 주었다. 영어 선생님은 워즈워드의 시를 통해 '낭송이란 이런 것이다.'를 제대로 보여 주셨다. 외국어 시의 운율과 각운을 멋지게 살린 낭송은 나조차도 처음 들어보는 것이었다. 중국어는 성조가 있는 언어라서 그런지 중국어 선생님의 시낭송은 마치 노래와도 같아 더욱 아름다웠다.

낭송회의 반응은 정말이지 뜨거웠다. 또 이런 행사를 했으면 좋겠다는 이야기는 무엇보다 듣기 좋았다. 아무개가 낭송한 시가 뭐였냐며 제목을 다시 물어보거나 그 작가의 시를 더 읽어 보고 싶다는 반응도 있었다. 여러 선생님께서도 좋은 말씀을 많이 해 주셨다. 자신의 과목에서도 이런 방식으로 응용하면 좋을 것 같다며 이것저것 적극적으로 물어보는 선생님들도 계셨다. 시는 시험에서 문제를 맞히기 위한 것이 아니라 위로와 감동을 주는 '예술 작품'임을 다 함께 느낄 수 있었다. 평가도 채점도 없고 미숙하면 미숙한 대로 실수하면 실수한 대로 품어 주고 나눌 수 있는 따뜻한 시간이었다.

그리고, 남는 생각들

　우리 학교는 정기 고사 시험 시간표 작성할 때 학생들의 동의를 구하는 과정이 있다. 학생들 몇몇이 모여, "문학은 부담이 적은 과목이랑 같은 날이어야 해. 사회랑 붙으면 정말 최악이야. 암기할 게 몇 배나 되어 버린다고." 하며 이야기를 나누고 있었다.

　"문학이 암기과목이니?"

　"그럼요, 시대적 배경, 시어의 의미, 작가의 성향 등등 외울 게 얼마나 많은데요. 안 외우고 감대로 했다가 낭패 본 적이 많아요. 토씨 하나 안 틀리고 외우는 게 최고예요."

　전에는 수업 시간이 이렇게 고되지 않았다며 한바탕 성토를 하기 시작했다. 중학교 때는 활동도 많고 수업 시간이 재미있었는데 고등학교에 오니 국어가 너무 어렵고 힘들다는 것이었다. 소설이나 시를 읽는 것을 좋아하는 학생들도 국어 교과서에 나오는 작품들은 시험을 생각하면 싫어진다며 입을 모았다.

　우리 연구회는 활동 중 수업 지도안을 작성할 때 중학교 선생님과 고등학교 선생님으로 모둠을 나누곤 하였다. 고등학교 선생님들은 평가의 비중이 높다 보니 수학능력시험에 대비할 수 있도록 문제 유형을 분석하거나 평가와 연결할 수 있는 수업을 구상하는 반면, 중학교 선생님들은 작품 감상에 도움이 되는 학생 활동 위주의 창의적인 아이디어를 보여 주었다. 중학교 선생님들의 다채로운 활동은 나처럼 고등학교에서 '문제 풀이'식 수업에 익숙해진 교사들에게 신선한 자극이 되었다. 시를 처방하는 활동이나, 시화 그리기, 또는 시를 읽고 연상이 되는 것을 이미지(사진촬영)로 표현하기 등이 중학교 선생님들로부터 배운 수업 활동이다. 또한 연구회에서 강연해 주신 여러 선생님이 시연해 주신 수업 모델을 통해 학생 활동이 오히려 문학의 즐거움을 알고 감상의 깊이를 더할 수 있다는 확신을 갖게 되었다. 작품에 관한 질문의 답을 모둠별로 찾거나 질문을 만들어 가며 작품을 이해하는 활동이 이를 통해 배우고 해 보게 된 것들이다.
　결국 우리가 하고 싶은 수업은 수능에 대비하고 문학 시험을 통해 내신 등급 산출도 할 수 있으면서도 그 안에서 문학의 아름다움을 느낄 수 있는 수업일 것이다. 그것이 가능하게 하려면 어떻게 해야 할까?

보통 교과서 대단원은 두세 개의 소단원으로 나뉘어 있고, 소단 원 하나에 3~4차시 정도의 수업을 하니, 그중에 1, 2차시 정도는 감상의 즐거움을 느낄 수 있도록 하고 나머지 차시는 시험 대비 수 업이 되어도 좋지 않겠느냐는 것이 최선의 합의점이었다.

김영하 작가는 자기 작품이 교과서에 실리는 것을 원치 않는다고 한다. 전체가 아닌 일부분만 싣는 것은 작품 감상 자체를 불가능하 게 만들며, 그렇다고 전문을 실을 수도 없기 때문이란다. 최승호 작 가가 자신이 쓴 시가 나온 수능 문제를 풀어 보고 모두 틀리는 장 면은 그 자체가 블랙코미디이다. 작가는 자신의 시 「아마존 수족 관」에 대해 '부정적 현실에 대한 인식이 드러나 있다.'는 설명이 적 절하지 않다고 골랐으나, 교육과정 평가원 해설서에는 그것이 적절 한 설명이라고 나와 있었다.

연구회에서 이런저런 잘된 수업 망한 수업을 공유하며 수업 연구 를 하다 보면 '이런 거 하면 뭐 해? 고등학교 와서는 『수능 특강』 풀 어야 하는 거야. 이런 활동만 해서는 지필고사에 쓸 게 없어요.' 하 는 자조적인 얘기로 이어지기도 한다.

그러다가 한 선생님이 문학도 예술이니까 음악이나 미술처럼 예 술 교과에 들어갔으면 좋겠다는 이야기를 하셨다. 지식수준을 평가

할 수 있는 문법이나 비문학 제재를 읽고 이해의 정도를 평가하는 것은 국어 교과로 남겨 두고 문학은 예술 교과로 빼면, 활동과 감상 위주의 수업이 될 수 있다는 것이었다. 생소한 견해이기는 했지만, 문학이 예술 교과로 들어간다면 문학 작품 가르치면서 시험 문제 어떻게 내지 하는 고민은 하지 않을 수 있겠지.

시를 더 찾아 읽고 싶게 만드는 경험을 학교에서 제공할 수 있을까? 가장 좋았던 것은 '시낭송'이었지만 이것은 수업이 아니라 이벤트일 뿐이다. 매 수업이 이벤트가 될 수는 없겠지만 이런 이벤트라도 일어날 수 있었음에 작은 위안을 삼아야 하는 것일까?

《죽은 시인의 사회》의 키팅 선생님 같은, 영화《위험한 아이들》의 루엔 선생님 같은 수업을 할 수 있는 순간을 오늘도 소심하게 꿈꿔본다.

2. 고전문학 수업

감성을 깨우는 고전문학 수업

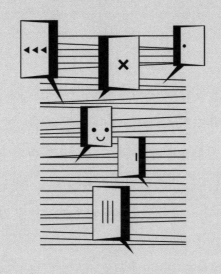

우리들의 고민

　현재 교육 현장에서 진행되고 있는 고전문학 교육은 작품이 향유되던 그 시절의 의미와는 동떨어진 채, 교사가 텍스트를 한 줄 한 줄 설명하고 학습자들은 사전적이고 수준 높은 용어와 설명을 눈으로 따라서 읽는 방식을 취하고 있는 것이 대부분이다. 이러한 방식을 답습하다 보니 고전문학은 많은 학습자를 가장 괴롭히는 문학 갈래가 되어 있다. 그들은 왜 고전문학을 배워야 하는지, 작품 속 화자가 무엇을 가리키고 있는지, 무엇을 말하고자 하는지, 무슨 말인지조차도 모르는데 길기도 긴 수업 시간을 힘겹게 견뎌 내며 무던히도 학습에 참여하고 있다. 그러나 그것도 부족하여 동영상 강의를 찾아 헤매기도 한다. 동영상에서 제공되고 있는 강의들은 고전문학에 익숙한 학습자가 듣기에도 지루하고 지치게 만든다.

국어 수업을 시작하겠습니다

고전문학에 드러나는 어휘, 구절, 장소, 표현 방법, 철학적 의미, 미적 특징, 때때로 보이는 그림이나 사진 등의 많은 정보가 기나긴 여정을 따라 거침없이 제공되기 때문에 해설에 대한 수용은 힘겨워진다. 더욱더 안타까운 것은 고통의 시간 끝에서도 학습자들은 그것을 설명의 대상으로는 여길지언정 어떠한 감동도 느끼기 어렵다는 것이다.

현재 교육의 활용 과제가 텍스트 관점에서 학습자 관점으로 바뀌어 가는 과정에 따라 감성교육의 교육적 가치도 현저하게 높아지는 환경에 있다. 교육환경을 거치는 모든 개인은 자신의 삶을 주체적으로 가꾸어야 하므로 스스로 살아가는 세계와 문화·경제적 여건에 대하여 비판적으로 이해할 수 있도록 도와주어야 하는 것이 교육을 담당하는 자들의 몫이다. 이러한 비판적 능력을 향상하기 위해서는 오늘날과 같은 세계화 시대에는 오히려 민족적 전통과 고유의 정서에 대한 이해를 심화시키는 일이 필요하다. 따라서 고전문학을 감성적으로 수용한 국어교육은 그 목표에서 민족문화의 계승과 창조에 이바지할 기회를 충분히 확보해야 할 것이다.

우리들의 고민은 21세기에도 여전히 필요한 고전문학을 어떻게 지금의 학생들이 흥미를 가질 수 있도록 하는가이다. "선생님, 단어가 어려워요.", "같은 사람을 부르는 말이 왜 이렇게 많아요?"라고 하소연하는 학생들에게 고전문학은 오늘의 현대문학과 이어지는 우리 한국 문학의 전통이며, 우리의 전통적 가치관과 삶이 녹아 있는 것임을 알려 주어야 한다. OTT 서비스를 통해 방영되는 드라마들에 우리의 전통 귀신이 나오고 저승사자도, 도깨비도 나와서 어려움에 처한 약한 자들을 보살펴 주는 것이 고전 소설에도 나왔던 내용이며, 지금 우리들의 마음을 설레게 하는 아름다운 사랑 이야기가 고전문학에도 주로 다루었던 주제라는 것을 재인식하게 한다면 학생들이 고전문학을 그저 먼 과거의 문학으로만 여기지 않을 것이다.

해결책 찾기, 시도

4음보격 연속체 리듬감 살려 읽기
-「관동별곡」을 중심으로

가사가 시도 아니고 산문도 아닌, 한국적인 독특한 갈래라는 고민에서 출발하여 문학적 특성을 구명하는데 어려움을 토로하고 있다. 「관동별곡」을 수록한 교과서들을 보면 이 작품이 기행가사라는 점을 강조해서 여정을 파악하게 하고, 산과 바다의 상징적 의미를 해석하도록 짜여져 있다. 학습 활동은 시적 화자의 심리적 갈등을 파악하고, 중요한 구절의 의미를 풀이하는 활동이 대부분이다.

교육 현장에서는 조동일의 '갈래 이론'을 받아들여 가사를 교술 갈래로 가르치기도 한다. 교술 갈래는 확장적 문체와 서정적 감성을 결합하여 독자에게 시적 아름다움과 교훈적 의미를 동시에 전달하는 특징을 지닌다. 그러나 교과서에 제시된 학습 내용을 살펴보면, 학습자가 가사 특유의 확장적 문체를 직접 경험하고 그 미적 효과를 깊이 이해하며, 그것의 흥취까지 체험할 수 있도록 이끌어 주는 경우가 거의 없다. 이러한 한계는 교술 갈래의 문학적 가치를 학습자에게 충분히 전달하지 못하는 문제로 이어진다. 따라서 교술 갈래의 미적 효과를 심층적으로 다루고, 학습자가 이를 직접 탐구할 기회를 제공하는 감성교육 방법의 연구가 교육 현장의 과제로 남는다.

문학 학습이 문학적 특질에 대한 학습에 그쳐서는 부족하다는 것은 어떤 작품에 대해서도 마찬가지겠지만, 문학에 대한 정서적 거리감의 해결이 중요한 고전문학의 경우에는 감성의 교육적 가치에 대한 고민이 더욱 깊어질 수밖에 없다. 동아시아의 전통에서 고전문학은 눈으로 보는 문학이 아니라 귀로 듣는 것이었다. 이처럼 오늘날과 다른 방식으로 누리며 즐기던 문학이기에, 고전문학 교육에서는 학습자들이 고전문학을 그 세대의 감성에 맞게 경험하는 것이 무엇보다 중요하다.

가사는 조선 시대 사대부들이 향유한 가장 흥겨운 갈래였다. 오늘날 학습자들도 특정한 감정이나 사태에 대해서 말하는 랩이라는 음악 장르를 즐긴다. 그렇지만 만일 수백 년 뒤의 우리 후손들에게 오늘날의 시와 노래를 「관동별곡」과 같은 방식으로 받아들이게 한다면 그들 역시 오늘날의 시와 노래가 가지고 있는 즐거움에 전혀 공감하지 못할 것이다. 시와 노래를 그 자체로 경험하는 것이 중요하듯이, 「관동별곡」 교육에 있어서도 가사를 가사 그 자체로서 경험하게 해 주는 것이 가장 중요하다.

「관동별곡」을 가사 그 자체로 경험시키기 위하여 교과서에 실린 원문을 함께 낭독하며 내용을 인지하는 과정은, 숨을 함께 고르며 나아가더라도 자꾸만 발목을 잡아 숨이 턱턱 걸린다. 이는 작가의 생각과 취향이 고유하고, 그 생각을 표현하는 작가만의 독특한 특성이 현대문학에 비해 정서적 차이가 크기 때문이리라.

고등학교 2015개정교육과정 국어과 [10국01-01]에서 밝히고 있는 목표를 반영한다면 「관동별곡」은 사회·문화적 특성과 개인의 다양성을 반영하여 듣기·말하기와 함께 더 나아가 쓰기를 통한 감성교육으로 성취수준을 달성하기에 부족함이 없음을 확인할 수 있다. 2015교육과정에서는 '핵심역량'을 '미래 사회 시민으로서 성공적이고 행복한 삶을 살아가기 위해 필요한 핵심적인 능력으로 지식, 기능, 태도 및 가치가 통합적으로 적용하여 발현되는 능력'이라고 규정하고 있다.

이를 바탕으로 교술 갈래의 문학적 가치를 학습자에게 충분히 전달하기 위해 원문을 현대어로 해석하고 화자의 배경과 심정을 파악하여 활동지를 작성하며 학습 과정을 거친다. 그리고 원문을 함께 읽으며 화자가 처한 배경과 감성을 이해하고 활동지를 작성하며 주체적 감성의 교감을 나누는 활동을 통해, 그 특성을 탐구하며 문학교육을 더욱 풍부하고 다채롭게 만들고자 한다. 이를 바탕으로 학습자 스스로 문학을 공유하고 향유할 수 있도록「관동별곡」학습을 다음의 세 단계로 구성하여 진행해 본다.

1단계 '4음보격 연속체 리듬감 살려 읽기' 2단계 '현장성 재현으로 표현의 묘미 실감하기' 3단계 '주체적 감성 발휘와 공감의 자장 넓히기'의 방법을 제안하며 흉내 내기로 시작하여 작품을 스스로 제작하는 과정을 거치는 것이다.

'4음보격 연속체 리듬감 살려 읽기'가 원문에 접근하는 수단이라기보다는 그 자체로서 학습자에게 보상을 주는 감성교육의 목적을 실현하는 활동이 되어야 한다. 감성교육의 목적은 오늘날 학습자들이「관동별곡」을 배우는 동안 송강 정철이 의도한 즐거움과 흥취를 느끼게 만드는 것이다. '원문의 낭독'은 어떤 것을 말하고 들으며 향유하는 갈래로 가사를 가사로서 경험하고, 가사 갈래가 의도한 흥겨움을 향유하는 중요한 방법이 될 것이다.

고전문학 교육은 학습자의 내재된 역량을 발휘하도록 돕는 중요한 매개로, 작품 읽기 능력과 창조 능력을 향상시키는 데 중점을 둔다. 이를 위해 감성교육은 원문 활용을 넘어 학습자의 읽기 능력을 신장시키는 방법적 수단으로 재정의되어야 한다.

감성은 학습자가 작품 속 세계를 탐구하고 창의적으로 해석하며 자신만의 관점을 형성하도록 돕는다. 이를 위해 원문의 언어적 특

국어 수업을 시작하겠습니다

성을 현대적 맥락에서 재해석하고, 다층적 의미를 발견하도록 비판적 사고와 공감을 자극하는 질문을 활용하며, 창작 활동으로 표현 방식을 체험하게 한다.

결론적으로, 고전문학 교육에서 감성은 학습자의 능동적 참여를 통해 역량을 발휘하고 확장하는 데 핵심적이다. 이러한 노력은 고전문학을 학습자와 현실을 연결하는 다리로 활용하는 데에서 시작된다.

梨니花화는 불셔 디고 접동새 슬피 울 제

洛낙山산 東동畔반으로 義의相샹臺딕예 올라 안자

日일出츌을 보리라 밤듕만 니러ㅎ니

祥샹雲운이 집픠는 동 六뉵龍뇽이 바퇴는 동

바다히 떠날 제는 萬만國국이 일위더니

天텬中듕의 티쓰니 毫호髮발을 혜리로다

아마도 녈구름 근쳐의 머믈셰라

詩시仙션은 어딕 가고 咳ᄒᆡ唾타만 나맛ᄂᆞ니

天텬地디間간 壯장혼 긔별 ᄌᆞ셔히도 흘셔이고

斜샤陽양 峴현山산의 擲텩躅튝을 므니불와

羽우蓋개芝지輪륜이 鏡경浦포로 ᄂᆞ려가니

十십里리氷빙紈환을 다리고 고텨 다려

長댱松숑 울흔 소개 슬ᄏᆞ장 펴뎌시니

믈결도 자도 잘샤 모래룰 혜리로다

孤고舟쥬解해ᄒᆡ纜람ᄒᆞ야 亭뎡子ᄌᆞ 우희 올나가니

江강門문橋교 너믄 겨틱 大대洋양이 거긔로다

從동容용ᄒᆞ다 이 氣긔像샹 闊활遠원ᄒᆞ다 뎌境경界계

이도곤 ᄀᆞ준 ᄃᆡ 쏘 어듸 잇닷 말고

紅홍粧장 古고事사룰 헌ᄉᆞ타 ᄒᆞ리로다

江강陵능 大대都도護호 風풍俗쇽이 됴흘시고

節졀孝효 旌졍門문이 골골이 버러시니

比비屋옥可가封봉이 이제도 잇다 ᄒᆞ다

송강가사 이선본을 근거로 교과서에 수록된 위의 구절은 의상대에서 일출을 보고 경포의 아름다운 경치와 강릉의 미풍양속을 노래하고 있다. 교과서에서는 이러한 감회를 학습자에게 내용을 인지하게 한 후 '소리를 내 읽어 보고, 문체적 특징을 파악하여 당시의 읽기 문화가 문체에 미친 영향에 대해 추측해 보자.'라는 학습 활동 등을 제시하고 있다. 이를 이행하다 보면 학생들은 "선생님 무슨 말인지 통 모르겠어요.", "너무 어려워요."라는 반응을 보인다. 더불어 어떻게 읽어야 하는지에 대한 자세한 안내가 없어서 학습자들이 과연 이러한 학습활동을 주체적으로 해낼 수 있을지 의문이 든다. 그래서 제시한 것이 '4음보격 연속체 리듬감 살려 읽기'다.

王왕程뎡이 有유限ᄒᆞ고 風풍景경이 못슬믜니
幽유懷회도 하도할샤 客긱愁수도 둘듸업다
仙션槎사를 씌워내여 斗두牛우로 向향ᄒᆞ살가
仙션人인을 ᄎᆞ즈려 丹단穴혈의 머므살가

위의 구절은 송강 정철이 강원도 관찰사가 되어 금강산 유람을
할 수 있는 절호의 기회를 맞아 눈으로 보면서도 믿기지 않는 웅장
하고 화려한 광경에 온통 사로잡히게 되었음을 표현하고 있다. 그러
나 관찰사의 일정은 정해진 시기가 있기 마련인데 풍경은 전혀 믭
거나 싫증이 나지 않으니 자신만의 심회가 피어나고 그에 따른 여
행객의 근심을 어디에다 마음 둘 곳 없이 흠모하게 된다. 작가의 여
정이 유한한 만큼 풍경도 딱 그 정도만 매력적이면 얼마나 좋으련
만 그랬더라면 끝없는 찬사를 형용할 만한 경치를 눈앞에 두고 돌
아서는 몸과 마음이 이처럼 안타깝지는 않았을 것이다.

강호가사江湖歌辭의 장르적 관습에 익숙한 학습자라면 몸이 여의
하면서도 바쁜 시간에 대한 이중적 감정을 미세하게나마 누릴 수
있기에 정해진 원문을 대할 때 그것이 더욱 선명하게 각인되는 경
험을 할 수 있다. 강호가사에는 사시四時(봄, 여름, 가을, 겨울)처럼 한
가롭게 진행되는 무한한 시간의 계열과 유한한 인간의 몸으로 무궁
한 자연을 맛보느라 바쁜 시간의 계열이 뒤섞여 있다. 화자가 무한
한 시간 계열에 있을 때는 신선과 같은 삶을 사는 감격을 표현하고,

바쁜 시간 계열에 있을 때는 소소한 대상과 경험들이 불러일으키는 흥취를 표현한다. 이처럼 서로 다른 흥이 일으키는 두 계열의 시간을 넘나들면서 화자의 흥이 점점 고조되는 것은 당연한 이치이다. 가사 작가들의 재능에 감탄해 마지않는 것은, 강호시인의 감격과 흥을 다 전달할 수 없다는 사실에 공감했기 때문일 것이다.

현대인들도 시간에 관하여 매우 난해하고 여러모로 모순된 태도를 가지고 있는 것을 느끼는 경우가 많음을 목격하게 된다. 고통의 시간은 빨리 흐르고 흥에 겨운 시간은 천천히 혹은 느리게 흐르길 바라는데 실제적 시간은 그러한 우리들의 의지와 무관하게 흘러가고 만다. 그래서 천천히 흘렀으면 싶은 순간은 더 빨리 지나가는 것 같아 안타깝고, 그 순간을 최대한 즐기려는 희망은 마음을 더욱 분주하게 재촉한다. 이런 마음으로 미루어 보면 송강이 어떤 때는 느긋하게 '백년행락'을 누리듯이 표현하다가도 어떤 때는 촌음을 아끼고자 '빠르게' 열고, 산등성이에 '다급히' 올라앉는 것이 진정으로 이해된다. 결국 숨 고르기 하며 읽는 '4음보격 연속체 리듬감 살려 읽기'는 「관동별곡」의 말하기 방식이 지니는 진정성을 이해하고, 송강의 흥취를 추체험하는 데 있어 매우 요긴할 수 있다.

현장성 재현으로 표현의 묘미 실감하기

문학의 특성 중 하나는 삶의 진실 인식과 아름다움의 형상을 언어화하는 것, 즉 학문과 예술이라는 양면을 동시에 그려 내는 데 있다. 그래서 이해의 대상이면서 향유의 대상이기도 하다. 이런 관점에서 본다면 문학을 향유하는 데 따르는 여러 방법과 절차들을 단계적으로 훈련시키는 과정이 필요할 수 있다. 학습자가 「관동별곡」을 송강이 의도한 대로 가사 갈래로 경험하는 가장 능률적인 방법은 당대 가사 향유층처럼 가사를 듣고 표현해 보며 주체적으로 경험하는 것이라 할 수 있다.

하지만 가사 갈래를 어떻게 가창했는지 또는 음유했는지 알 수 없는 상황에서 가사 갈래를 당대 가사 향유층처럼 감성을 일으키는 것은 거의 불가능할 것이다. 가령 「관동별곡」이 노래로서 향유되고 있다고 해도 학습자에게 감동을 주기는 힘들 수 있다. 노래는 대단한 감동을 주지만 일시적으로 휘발적인 속성도 지닌다. 그렇기 때문에 흘러간 옛 노래가 후대인들의 감성에도 맞는 일이 어렵고 드물겠지만 실제로 시조를 가르치면서 가곡 창을 들려주면 학습자들은 느리디 느린 흐름에 더욱 지루해한다.

「관동별곡」의 경우는 낭독에 약 15분 정도가 소요되나 학습자들은 지은이가 화자가 되어 하는 낭독이 아니기에 목소리가 지니는 에너지와 감성 그대로 기대하기는 힘들다. 높낮이와 장단의 변화를 그 느낌 그대로 흉내 낼 수 없기 때문이다. 이러한 상황에서는 아무리 「관동별곡」이 노래로 향유되었음을 강조해도 그것은 그저 명제적 지식으로만 학습자들에게 인식된다.

현재 교육 현장은 '백년지대계百年之大計'라는 말이 무색하도록 정권이 바뀔 때마다 교육 정책도 함께 바뀌게 되고 입시 위주의 교육과 융합적 전인교육이라는 미명하에 더욱 혼란스럽기만 하다. 그 속에서 전인적은 어디로 흘러가 버리고 있는지 점차 경시되어 가고 있다. 현재의 이러한 교육 환경에서 학생들에게 진정하게 자신에 대한 이해를 할 수 있도록 하며 자신의 내면에 귀를 기울여 스스로의 길을 찾을 수 있도록 하고자 하는 것은 교육의 가장 중요한 과제라 하겠다.

　여기에 감성교육은 반드시 수반되는 영역이다. '작품을 비판적, 공감적, 창의적으로 수용하고 그 결과를 바탕으로 상호 이해와 소통으로 문학을 통하여 자아를 성찰하고 서로를 이해하며 상호 소통하는 태도를 지닌다.'는 문학의 성취 기준에 맞추어 교육을 한다는 것이 교사의 당면과제나 이 역시 혼란스럽기는 마찬가지다.

　「관동별곡」은 표현교육 자료로서 높은 가치를 지니며, 그 묘사 양상과 고전문학 교육의 교육적 함의를 고찰하는 데 중요한 작품이다. 이 작품은 창작과 향유가 이루어지던 조선 시대의 삶과 정서를 이해하는 관점과 이를 통해 현대적 삶의 의미를 성찰하는 관점을 양방향으로 탐구할 필요가 있다.

　형상화된 글을 그림으로 표현하는 활동은 학습자들에게 학습 효과를 높이는 데 효과적이다. 매체에 익숙한 학습자들은 글과 시각적 자료를 통해 학습 내용을 생생하고 구체적으로 이해하며 깊이 있는 학습을 경험한다.

이 과정은 창작 활동에도 긍정적인 영향을 준다. 가사 창작 과정에서는 소재 탐색에 대한 두려움을 줄이고, 발견한 소재에서 아름다움을 느끼며 창작의 감성과 기반을 형성한다. 이를 통해 학습자들은 자신만의 언어로 표현하는 능력을 키우고 창작의 즐거움과 자신감을 얻는다. 아래 그림은 학습자들이 이해한 대로 그림으로 형상화한 것이다.

延연秋츄門문 드리ᄃ라

江강湖호애 病병이 깁퍼

玉옥節절이 알픠 셧다

어와 聖성恩은이야 가디록 罔망極극ᄒᆡ다.

주체적 감성 발휘와 공감의 자장 넓히기

2015개정교육과정에서는 수용적·협력적 입장에서의 비판적 사고와 질문이 있는 수업을 표방하며 학생 중심 수업의 일환으로 토의·토론 교육을 강조하고 있다. 이러한 기조는 2022교육과정에도 이어져 학생들이 작품의 다층적 의미를 깊이 탐구하고, 이를 현대적 맥락에서 창의적으로 재구성할 수 있도록 하는 데 중점을 두고 있다. 하지만 아직도 교실에서는 평가를 위한 도구로써 다양한 토론 모형을 적용하고 있는데 이는 학업 성취도가 높은 소수의 학생에게만 유리하게 작용하고 있다. 이에 대다수 학생의 사고력을 높이고 자발적인 참여로 감성을 끌어올리며 성숙한 민주시민의 역량을 표현할 수 있는 수업이 절실하다. 결국 선택한 방법은 주어진 제한된 수업 시간의 한계, 고답적이고 난해한 용어의 숙지, 이미 해석되고 정리된 견해들의 무조건적 받아들이기로 인해 교실 수업 상황에서 활용하는데 한계를 드러낸다.

수학능력 시험에서 우수한 점수를 얻을 수 있는 학생조차도 고전문학에 대해서는 "흥미롭지만 난해하다."로 의견이 압축된다. 하지만 서로의 조별활동을 통해 주체적 감성 발휘와 공감의 자장 넓히기를 시도해 보았다. 조별 활동에 참여한 학습자들은 "정철은 4음보의 율격을 잘 살리며 우리말의 묘미를 잘 살렸다.", "여정이 잘 드러나 있고 그에 따라 변화하는 화자의 정서나 태도가 뚜렷하게 드러나 있는 기행가사이다.", "우리 고장의 아름다움을 그대로 살리는 데 경포호수를 비단에 비유하고 그것도 모자라 다리고 또 다렸다고 묘사한 것이 감동이다.", "옛 경포호수는 모래를 헤아릴 만큼 맑았었나 보다." 등으로 조별활동 감상의 결과를 발표하였다.

「관동별곡」을 함께 읽으며 고전문학의 지식을 습득하고 수업에 참여한 구성원 모두가 이해할 수 있는 말로 풀어내는 과정은 절대 쉽지 않았다. 함께 읽는 것부터가 쉽지 않을 정도로 어려운 작품이기 때문이다. 하지만 시간을 거듭할수록 우리말의 묘미를 이해하며 신비감으로 감성의 폭을 넓히는 경험을 통해 모둠원 간의 이해와 공감이 점차 확대되었다. 시간이 거듭되면서 학습자들은 정답이 아닌 의견이라도 용기 있게 이야기하고 경청하며 자기 생각을 자유롭게 공유하는 능력을 키웠다. 이러한 상호작용은 학습 활동을 더욱 완성도 있게 수행했고, 나아가 창의적 사고를 자극하여 적용 학습으로 발전시키는 기회로 이어졌다.

적용 학습은 학습자들에게 자신을 탐구하고 표현할 기회를 제공하는 4단계 과정으로 진행되었다. 첫 번째 단계에서는 학습자들이 자신이 소유하거나 즐겨 하는 것 중 가장 애착이 가는 대상을 선택하고, 그 이유를 글로 적어 보며 내면의 목소리를 들여다보는 시간을 가졌다. 두 번째 단계에서는 이러한 생각을 확장하기 위해 마인드맵을 만들어, 자신의 감정과 경험을 시각적으로 정리하는 작업이 이루어졌다. 세 번째 단계에서는 자신이 가장 잘하는 것을 떠올리고, 그 능력을 어떻게 길러 왔는지에 대해 성찰하며 과거의 노력과 성장 과정을 되짚어 보았다. 마지막으로 네 번째 단계에서는 앞선 작업을 바탕으로 4음보의 율격을 활용해 가사를 창작하며, 전통적 문학 형식을 통해 자신의 이야기를 예술적으로 표현하는 기회를 가졌다.

이 과정을 통해 학습자들은 자신의 경험과 감정을 기반으로 한 창의적이고 의미 있는 작품을 완성할 수 있었다. 그 결과 아래와 같은 가사가 탄생하였다.

선아 : 수학을 풀고 풀고 풀면 / 언젠가 또 다시 막힌다 / 부적에 내 의지를 담아 / 다시 한번 도전을 하자

가연 : 아이들 손을 잡고 함께 / 소중한 꿈을 키워 나가 보아요 / 작은 손길은 큰 사랑으로 / 교실은 따뜻한 집이 되어요
서로의 마음을 이해해 보아요 / 친구의 아픔도 내 것 / 웃음과 희망을 나누는 시간 / 우리의 소중한 날들입니다
공감의 씨앗을 심어 보아요 / 함께 성장하는 세상 속에 / 서로서로의 다리를 놓아 주며 / 함께하는 길을 걸어가 보아요

윤호 : 노래를 들을 때면 기분이 좋아지고 / 피아노를 연주하면 마음이 안정되고 / 고전문학 공부하면 뇌세포가 살아난다

수학을 가장 좋아하고 잘하는 선아는 지칠 때 힘을 얻기 위해 오빠가 건네준 메모지를 부적 삼아 지니고 다니며 힘을 얻고 있는 상황을 노래했고, 초등학교 교사가 되길 희망하고 있는 가연이는 앞으로 만들어 갈 교실을 노래했으며, 무작정 국어가 좋은 윤호는 좋아하는 가수의 노랫말을 들으며 공부하는 과정을 노래했다. 실로 무한의 발전 가능성을 위한 첫걸음이 될 것이라 믿는다.

현재 교육현장에서 「관동별곡」이 교사와 학생을 괴롭히고 있는 것은 교과서에 드러난 표현 언어가 16세기 훈민정음이고 한자어, 고사, 용사, 전고 등 난해한 어휘들이 대부분이기 때문이다. 이 문제를 해결하기 위한 방법은 오늘의 학습자를 고려하여 원문과 현대어 풀이를 교과서에 병기하고, 이해의 시간적 간극을 좁혀 오늘날 통용되는 용어의 사용으로 해석의 시간을 줄여 보는 것이다. 이때 오늘날 사고방식, 가치 의식, 정서적 방식이나 특징 등 감성적 국면을 충분히 배려하여 교수학습 방향을 짜야 한다. 예를 들어 표기해 보면 아래와 같다.

[관동별곡 원문]	[관동별곡 현대어 풀이]
斜샤陽양 峴현山산의	저녁볕 비껴드는 현산의
擲텩躅튝을 므니불와	철쭉꽃을 이어 밟아
羽우蓋개芝지輪륜이	신선을 태운 수레가

鏡경浦포로 ᄂ려가니	경포로 내려가니
十십里리氷빙紈환을	십 리나 펼쳐진 흰 비단을
다리고 고텨다려	다리고 다시 다려
長댱松숑 울혼 소개	장송 울창한 속에
슬ᄏ장 펴뎌시니	싫도록 펼쳐졌으니
믈결도 자도잘샤	물결도 잔잔하기도 잔잔하구나
모래를 혜리로다	모래를 헤아리겠도다

　여기에 그림이나 사진을 더한다면 세대 간 간극을 더욱 좁히고 학습자의 이해를 도울 수 있음은 자명하다. 고전문학 교육은 특정 갈래의 언어적 속성과 그 효과를 탐구함으로써 문학적 전통을 계승하고 발전시키는 데 핵심적인 역할을 해 왔다. 시에서는 서정적 화자, 운율, 상징 등을, 소설에서는 등장인물, 사건, 배경과 같은 서사적 요소를 학습하며, 이러한 과정은 문학의 본질을 이해하고 감성을 함양하는 데 기여한다.

　오늘날 문학교육의 패러다임은 교과서 중심에서 매체를 활용한 학습자 중심으로 전환되고 있다. 이 과정에서 고전문학은 단순히 과거의 산물이 아니라, 현대의 학습자들이 자신의 감성과 정서를 풍부히 하는 교육적 도구로 재조명받아야 한다. 특히, 고전문학 작품의 내재적 정서와 상징성을 시각 자료나 그림과 결합하면, 학습자는 더 직관적이고 몰입적으로 작품의 가치를 경험할 수 있다.

작품 속에 담긴 인간 경험과 정서를 통해 학습자는 타인의 삶을 공감하고, 자신만의 정서적 깊이를 확장하게 된다. 이러한 고전문학을 통한 감성교육은 학습자의 정서적 성장을 돕고, 문학교육의 사회적 가치를 한층 더 높이는 데 기여할 것이다.

그리고, 남는 생각들

    문학은 형상적 체험을 통한 경험 영역과 이에 기반한 인간 존재의 탐구로 발전한다. 우리는 문학 작품을 읽으면서 각 시대와 국가, 민족, 그리고 그 자신이 자아낸 의미 속에서 살아가는 사람들이 갈등, 선택, 고난, 역경 등을 겪으면서 털어놓는 속내들을 세심하게 살피고 느낀다. 그 과정에서 시대가 어떠하든, 어느 국가, 어느 민족이든 그들이 살아가면서 느낀 정서, 그들이 발견한 삶의 이치 등을 느끼고 깨달으면서 서로를 이해하게 된다. 이는 전제한 과정들이 외부적 상관관계와 내면의 모색, 선택 간의 얽힘을 파악하고 그것을 다시 개연성 있는 삶으로 수용하면서 우리를 이해하고 스스로 성숙할 수 있는 길을 열어 준다는 점에서 감성교육은 의미가 있다.

    「관동별곡」을 읽고 감성적으로 접근하는 것 또한 이와 다를 바

국어 수업을 시작하겠습니다

없다. 송강이 경험했던 일들, 그 속에서 드러나는 그의 내면, 그가 발견한 삶의 이치 등을 살피는 과정에서 그 시대를 살았던 인간으로서 이해하는 기회를 갖고 학습자들은 그것을 투영하는 것이다. 그런 의미에서 고전문학은 작품의 양식, 특성, 문학사적 의의와 같은 문학 지식을 제공하는 것과 더불어 작품 자체를 심도 있게 이해하고 감상하며 현재를 살아가는 삶을 유의미한 방향으로 연계할 수 있도록 보다 쉽게 이루어져야 한다.

3. 문법 수업

아는 것 실천하기, 알기 위해 익히기

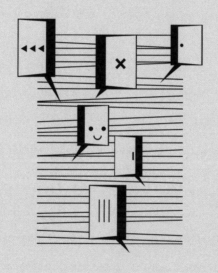

우리들의 고민

국어 수업의 핵심이자 모든 국어 공부의 바탕이라고 할 수 있는 것이 '문법'일 텐데, 학교에서 수업하기 제일 어려운 것이 '문법' 과목이다. 2022학년도 수능 시험부터 『언어와 매체』, 『화법과 작문』을 선택하게 되면서부터 과목의 전문성은 더욱 강화되었다. 2022교육과정에서는 『화법과 언어』로 명칭이 바뀌고, 수능에서는 선택 과목이 없어진다. 자연스럽게 학교 수업에서 '문법'을 어떻게 가르쳐야 할지, 지금까지 수업은 어떻게 해 왔는지 고민할 필요가 있었다.

우리 연구회에서는 우선 학교급별(중학교, 고등학교) 『국어』 교과서, 고등학교 『언어와 매체』 교과서를 훑어보았다. 학교급별의 국어 교과서에서 다루는 문법 내용의 특징으로는 중학교 때 문법의 기초를 두루 배우고, 이를 고등학교 때 다시 점검하는 구조였다. 중학교의 경우 다루고자 하는 문법 내용을 개념어를 통해 집약하여 전달하기보다는 내용을 풀어서 설명하는 경우가 많았다. 고등학교 1학년 국어 교과서의 경우 문법 개념, 문법 규칙 등이 등장하지만, 실제 의사소통을 위한 규칙 습득 정도로 목표를 설정한 경우가 많았다. 전반적으로 문법 교육이 이전보다 간소화되었다고 보았는데, 흥미로운 것은 교과서에서 다루는 개념은 간소화된 듯하나, 수능 문제에서는 여느 때보다 더욱 깊이 있는 내용이 출제된다는 것이다.

이와 같은 교과 내용 구성 방식의 상황에서 연구회 선생님들이 진행한 대부분의 수업 방식은 교사 중심의 '강의식' 수업이었다. 개념을 설명하고 학생들의 이해를 확인해야 하는 것이 우선이었기 때문이었다. 이는 고등학교보다는 중학교에, 고학년보다는 저학년에서 진행될 필요가 있다는 견해가 지배적이었다. 문법은 탐구 학습으로 진행하라는 연구 견해가 있기는 하나, 저학년일수록 사례를 바탕으로 문법적 원리를 도출하는 것에 어려움을 보였으며, 오히려 원리나 지식을 단순히 암기하도록 한 후 사례에 적용해 보는 것이 효율적이라는 견해가 있었다. 3년여에 걸친 코로나 상황으로 문법의 기초를 제대로 익히지 못한 학생들이 늘어난 것도 수업 진행의 변수였다. 매년, 이전 학년에서 배운 문법 내용을 정리하느라 상당한 시간을 할애해야 했다는 것이다. 한편, 영어와 국어의 문법 용어가 같으면서도 쓰임은 다른 경우가 있어 학생들이 혼란스러워 한다고 하였다. 예를 들어 영어의 '동사'와 국어의 '서술어', 영어와 국어에서 '형용사'의 차이, 영어와 국어에서 '보어'에 대한 설명의 차이 같은 경우였다.

이와 같은 현재 상황의 문제점을 극복할 수 있는 발전적 제안으로는 다음과 같은 내용들이 나왔다. 첫 번째, 실제 언어생활과 연결하여 문법 규칙을 이해하는 경험을 직간접적으로 쌓을 수 있게 도와주는 수업을 구성·계획하는 것이다. 최근의 추세는 역시 학생 중심, 활동 중심의 수업이다. 공통 국어 교과의 문법 수업은 실생활에서 더욱 정확한 발음 및 표현을 사용하는 것에 그 목표를 두고 있다는 것에 주목할 필요가 있었다. 하지만 여전히 규칙 자체에 대한 이해가 필요하므로 교사의 적절한 교수가 동반되어야 할 것이라고 하였다.

두 번째, 문법 수업에서 학생들의 흥미를 끌 만한 다양한 사례가 필요하나, 해당 차시의 수업 목표에 적당한 사례로 교사가 미리 선을 그어 골라 둘 필요가 있다는 것이다. 문법적 해석에는 다양한 견해가 있고, 시대에 따라 개념이 변해 왔으므로, 복잡하고 다양하게 해석되는 사례를 언급하여 혼란을 일으키기보다는, 기본 개념을 정확히 이해할 수 있도록 사례를 제한하여 제공할 필요가 있다는 것이다.

결국 문법 교과에서 필요한 것은 '문법'에 대한 기본 개념과 이를 실생활에 적용하여 바른 국어 생활을 할 수 있도록 이끄는 것이다. 이를 수업 시간에 어떻게 적용하면 좋을지가 우리들의 고민이었다.

해결책 찾기, 시도

쪽지 시험과 빽빽이 쓰기

까다로운 용어나 개념을 외울 때는 쪽지 시험과 빽빽이 쓰기가 최고다. 과거에는 쪽지 시험을 보고 통과 못 한 학생들에게는 체벌도 가하고 나머지 공부도 시켰지만, 상황이 달라진 지금은 수업 시간에 쪽지 시험을 치르는 것도 단순하지 않다. 학생들에게 쪽지 시험을 치른다는 내용을 미리 알려야 하고, 이 시험이 수행평가에 반영되는지 안 되는지, 반영된다면 비중은 어떻게 되는지, 반영이 안된다면 성적에도 반영 안 되는 시험을 귀찮게 왜 치르는지를 충분히 설명해 주어야 하기 때문이다.

문법 교육의 효과적 방법에 대해 의논할 때 쪽지 시험을 보는 것이 좋을 것 같다는 의견이 나왔었다. 학생들의 깊이 있는 사고력을 어떻게 하면 잘 끌어낼까 하는 것을 의논하던 분위기에서 다소 뜬금없다 싶을 정도로 튀어나온 '쪽지 시험'에 순간 모든 선생님들은 동의하는 분위기였다. 그러면서 아주 잠시 각자의 학창 시절의 기억을 떠올리며 추억에 잠긴 듯했다. 그리고 쪽지 시험 통과를 위해 가장 좋은 방법이라 통했던 '빽빽이 쓰기'의 기억도 함께 떠올렸다.

쪽지 시험은 주로 영어 단어 시험 공부를 확인할 때 많이 쓰였지만, 사회, 역사와 같은 암기 과목은 물론 과학 교과의 주요 개념을 외울 때도 많이 활용되었다. 쪽지 시험은 단순하지만 배울 내용의 가장 기본적인 내용을 암기하고 확인할 수 있어 효과적이다. 물론 학생 입장에서는 처음 들어 생소한 내용을 무조건 외워야 하니 지루하고, 짜증 날 수밖에 없겠지만, 쪽지 시험의 내용은 단어나 구 단위로 핵심적 내용을 요약·정리한 것이므로 해당 문제와 답을 외우면 그 단원에서 알아야 할 가장 중요한 내용을 알게 되는 것이다. 그래서 쪽지 시험 공부는 어찌 보면 가장 단순하면서도 가장 효과적인 학습법이라고 할 수 있겠다.

문법 교육 현장에서 학생들이 가장 어려워하는 것이 '문법 용어 이해하기'다. '어간'과 '어근'이 어떻게 다른지, 어디까지가 '어간'이고, '어미'인지. '형태소' 개념을 겨우 알았는데, '실질형태소'는 무엇이며, '형식형태소'는 또 무엇인가? 음운은 '자음', '모음'으로 나누면 될 줄 알았는데, 이것을 또 '마찰음'이니, '파찰음'이니 일상생활에서 잘 구분되지도 않는 음으로 나눈다. 같은 음운도 조음 방법과 조음 위치에 따라 명칭은 달라지니, 'ㄱ'은 '파열음'도 되고 '연구개음'도 된다. 문법 용어는 이렇게 다양하고 종류가 많아 용어를 정확히 알지 못하면 문법에서 배우는 교과 내용을 이해할 수 없다. 그러므로 학생들이 가장 먼저 익혀야 하는 것은 문법 용어이다. 문법 시간에 쪽지 시험을 보게 하자는 의견에 다들 마음이 솔깃했던 이유이다.

하지만, 쪽지 시험이 좋은 방법이라고, 일단은 외우고 보라고 해도, 문법 용어는 일상에서 흔하게 접할 수 있는 용어가 아니라서 외우기가 쉽지 않다. 그러니 아무리 외우려고 해도 어렵고, 단순히 반복 암기를 하려고 하니 헷갈린다. 그러다 보니, 어근은 '단어를 분석할 때 실질적인 의미를 나타내는 중심 부분'이고, 어간은 '활용어가 활용할 때 변하지 않는 부분'이라고 잘 설명해 주어야 하고, 학생은 이것을 이해할 수 있어야 한다. 문법 교육의 어려움은 여기에서 생긴다. 암기해야 하는데, 이해를 해야 암기를 할 수 있으니, 암기를 시켜야 하나, 이해가 되기를 기다려야 하나…. 혹자는 말한다. 암기하다 보면 이해도 된다고. 한편 그렇기도 하다. 이해가 안 될 때는 무조건 암기하는 것이 답이다. 암기하고 그것을 실제 사례에 적용하다 보면 어느 순간 이해도 되고, '문리文理'가 트이기 때문이다.

아무래도 방점은 '외우기'에 찍힌 것 같다. 일단은 외우고 보기로한다. 그러자니 잘 외울 수 있는 방법을 찾는다. 국어 음절 끝에서 발음 나는 받침소리는 'ㄱ, ㄴ, ㄷ, ㄹ, ㅁ, ㅂ, ㅇ'인데, 이것은 '가느다란 물방울'로 외워라. 단모음 10개에서 전설 모음 5개 'ㅣ, ㅟ, ㅔ, ㅚ, ㅐ'는 '키위제외해', 후설 모음 5개 'ㅡ, ㅜ, ㅓ, ㅗ, ㅏ'는 '금붕어좋아'로 기억하면 수월하다. 자음 체계표에서 안울림소리를 조음 방법에 따라 외우려면 예사소리 기준으로 '바다가재사하'로 외우고, 그에 따른 된소리, 거센소리를 연결하면 된다 등등. 인터넷 정보와 EBS 선생님들의 외우기 꿀팁들을 모아서 학생들에게 알려 주었다. 학생들은 이미 알고 있던 것과 수업 시간에 새롭게 들은 내용을 응용하며 나름 재미있게 받아들였다.

외워야 할 내용을 수월하게 만들어 줄 적절한 초성 짓기나 노랫말 등이 없으면 그냥 외우기. 이때 가장 좋은 방법은 '빽빽이 쓰기'. 이 방법은 학창 시절 쪽지 시험에 통과 못 한 학생에게 내리는 과제형 벌(?)이었다. 그래서 빽빽이 쓰기를 안 하려고 더 열심히 외우기도 했었다. 외우기는 귀찮고 싫지만, 안 외우면 더 힘든 빽빽이 쓰기가 기다리고 있으니, 싫어도 열심히 외울 수밖에.

하지만 의미 없는 경험이 없고, 필요 없는 공부는 없다고 했던가. 무한 반복에 간혹 유체 이탈의 느낌을 주는 빽빽이 쓰기이지만, 필요한 순간에 무의식적으로 내용이 떠오르게 하는 것 또한 빽빽이 쓰기다. 중학교 시절, 세계사 중간고사를 치르고 난 직후, 앞자리에 앉은 친구가 "그래도 빽빽이 쓰기 했던 단원은 기억이 나서 문제를 풀었는데, 빽빽이 쓰기 안 했던 단원은 기억이 하나도 안 나서 못

국어 수업을 시작하겠습니다

풀었네."라고 했었다. 그건 그 친구만의 경험은 아니었다. 필자 또한 그랬고, 주변의 친구들이 모두 동의했었다. 아마 빽빽이 쓰기를 하며 공부한 대부분 수험생들도 공감하는 내용이 아닐까 한다. 과목의 특성에 따라 다르겠지만, 빽빽이 쓰기를 통해 챙겨 둔 기본 개념이 문제 풀이에 창의적으로 활용된 경우라 할 것이다. 빽빽이 쓰기는 손이 아픈 고통스러운 학습 방법이지만, 자기주도학습력을 키우는 가성비 좋은 방법이기도 하다.

물론 쪽지 시험과 빽빽이 쓰기가 좋은 방법만은 아니다. 위에서 언급한 경우처럼 빽빽이 쓰기를 통해 익힌 기본 개념을 시험 문제 풀이, 실제 상황에 적용할 수 있으면 아주 좋지만, 많은 경우 단순한 외우기에서 끝날 때가 많다. 힘들게 외운 용어와 개념들이지만, 용어 따로 언어 상황 적용 따로일 때도 있다. '어간'과 '어미'의 용어를 외우고, 뜻은 익혔지만, 주어진 용언의 어간 어미 활용은 하지 못하는 경우 같은 것이다. 그러다 보니 창의적 융합 인재 양성이 강조되고 있는 이 시대에 쪽지 시험이나 빽빽이 쓰기가 창의력을 저해하는 학습법이라며 외면받게 된 것인지도 모른다.

그렇다면 힘들게 외운 문법 용어나 개념들이 의미를 갖게 하려면 외운 것을 실제 상황에 적용할 수 있도록 해야 할 것이다. 실제 상황에 쓰이는 음운, 단어, 문장들을 기준에 따라 나누고 특징을 체계화한 것이 문법 이론인데, 이 이론을 실제 상황에 적용해서 알 수 있도록 해야 하는 것이다.

문법은 올바른 국어 생활을 위한 기준이다. 올바른 국어 생활을 위한 문법 내용과 태도는 초등학교, 아니 유치원 때에도 배우지만, 문법을 지키는 대화 방식은 진부하다고, 현장의 언어 사용 분위기에 맞추는 것이 필요하다며 일부러 문법을 파괴하여 쓰기도 한다. 내가 지금 발음한 것이 문법에 맞는 것인지, 휴대전화에 입력한 단어가 맞춤법에 맞는 것인지, 블로그에 쓰고 있는 문장이 문장 구조를 잘 지킨 것인지 관심을 갖고 궁금해하는 태도가 필요하다. 그래야 언어 현장에서 내가 배운 문법 지식을 의미 있게 활용할 수 있고, 그렇게 해야 일상생활에서 우리말을 올바르게 사용할 수 있다. 문법이 까다로워도 외우고 익히려는 이유가 생겨날 것이다. 그리고 이것은 모국어 사용자로서 지녀야 할 언어 태도일 것이다.

빽빽이 쓰기는 일관되게 진행하자!

고3 학생들에게 문법을 가르치는 시간이면 긴장된다. 문법 교과(2015교육과정에서는 『언어와 매체』 과목)를 수능 응시 과목으로 선택한 학생들이 참여하기 때문이다. 수업 시간에 배우는 내용이 입시로 바로 이어지는 것이 비단 문법 교과만은 아니지만, 용어와 개념에 대해 정확히 이해할 것을 요구하는 바가 높아 수업 시간의 설명에 오류가 있지 않은지 꼼꼼히 살펴야 하는 것이다. 그런 까닭에 학생들이 용어와 개념을 정확히 이해하고 있는지 점검해야 한다.

용어 외우기와 개념 이해 점검은 쪽지 시험으로 한다. 미리 다음 수업 시간에 쪽지 시험을 치를 예정임을 공지하고, 그 시간이 되면 수업 시작하고 바로 시험을 치른다. 그리고 시험지를 걷어서 교사가 채점하고 다음 시간에 돌려준다. 교사가 시험지를 걷어서 채점을 하면 학생들의 발달 정도를 눈으로 직접 확인할 수 있고, 종이로 만나는 학생들의 모습도 있어 친밀감이 생긴다.

필자가 처음 교직 생활을 시작했을 때 정기 고사 주관식 답지는 직접 손으로 채점했었다. 학생들이 쓴 답안지에 바로 채점하다 보니 학생들의 온기랄까? 답을 작성할 때의 고민 혹은 자신감이 눈에 보이는 듯했다. 이후 OMR카드가 들어오고 그 OMR카드를 스캔하여 컴퓨터 화면으로 채점을 하게 되니 종이로 직접 채점하는 것에 비해 한 단계 더 거리감이 생겼다. 정말로 객관적이 되었다고나 할까. 평가의 공정성과 객관성에 훨씬 가까이 간 것은 분명했지만, 학생들의 성장 과정을 함께 고민하며 온정적인 분위기를 형성하던 것에서는 멀어진 듯하다. 그런 점에서 학생들의 답지를 직접 접할 수 있는 수업 도입부의 쪽지 시험은 학생들과 정서적으로 유대감을 형성하면서 학습 효과를 이끌어 낼 수 있어 추천할 만하다.

하지만 아무리 좋은 방법도 체계성을 갖고 지속적으로 추진하지 않으면 그 효과는 반감된다. 쪽지 시험 볼 때가 있고 그렇지 않을 때가 있으면 시험에 대한 긴장도가 낮아질 수밖에 없다. 이는 필자의 경험이기도 하다. 학기 시작하고 몇 주 동안은 쪽지 시험을 치렀지만, 교과 진도와 모의고사 시험 등을 핑계로 자연스럽게 흐지부지되고 말았다. 한번 흐지부지된 쪽지 시험은 다시 그 긴장도를 살리기 어렵다. 그러므로 쪽지 시험의 효과를 얻기 위해서는 학기 초에 매시간 쪽지 시험을 치른다는 계획을 세우고 그에 따라 진행해야 한다. 기준 점수를 통과하지 못했을 때에는 빽빽이 쓰기 숙제 또는 재시험을 치른다는 피드백 계획도 함께 제공하면 금상첨화다. 한 학기가 지나고 학생들의 학력 신장의 정도와 교과 참여의 성실도를 교과 세특에 써 줄 수 있다면 '교육과정-수업-평가-기록'의 일체화는 자연스럽게 이루어질 것이다.

빽빽이 쓰기는 시간이 많이 걸리고 학생들이 직접 들여야 하는 노력이 크기 때문에 어느 정도의 강제성을 띠지 않으면 진행이 어려운 면이 있다. "빽빽이를 써 오면 교과 세특을 쓸 때 긍정적으로 참고할게요."라고 말했지만, 안 써 왔을 때 감당해야 할 큰 부담이 없기 때문에 스스로 써 오는 학생들은 1, 2명에 불과했다. 이러한 현상은 '과제'와 '공부'가 따로 인식되었다는 것을 말해 준다. 빽빽이를 쓰면서 자연스럽게 문법 공부가 되어야 하는데, 각자의 방식으로 개념 외우기를 했다는 것이다. 방법은 다양할 수 있으므로 꼭 빽빽이 쓰기를 강제하지 않아도 된다. 하지만, 개념 외우기를 하지 않았다면, 그 학생들에게는 문법 수업이 진행될수록 어려운 내용이 쌓여 갈 것이다. 그리고 문법 공부를 '포기'하게 될지도 모른다. 수업 시간의 과정을 따르면서 자연스럽게 지식도 익혀 갈 수 있는 방법으로 쪽지 시험과 빽빽이 쓰기를 고려한다면, 한 학기 동안의 과정을 체계적으로 미리 준비해야 한다. 빽빽이 쓰기는 쓰는 학생에게도, 진행하는 교사에게도 쉬운 일은 아니다. 그래서 학습 효과가 있을지도 모른다.

배운 지식은 실생활에 유익하게 쓸 수 있어야 진짜 아는 것! – 영상 활용하여 발음 분석하기

강의식 수업이든, 쪽지 시험이든 배운 지식이 내 삶에 유용하게 남으려면 실생활에서 유익하게 쓸 수 있어야 한다. 이때 유익하다는 것은 올바른 언어생활을 위해서이지만, 시험을 치를 때 잘 활용할 수 있다면 그 유익함은 실제로 다가올 것이다. 또 요즘의 대세는 학생 중심, 활동 중심 수업이라 수업 시간에 배운 문법을 실생활에서 정확한 발음이나 표현을 사용하는 데 쓸 수 있다면 학생들이 흥미 있게 수업에 참여할 수 있도록 이끌 수 있을 것이다.

요즘 학생들의 실생활에서 많은 비중을 차지하는 것은 인터넷으로 접할 수 있는 영상 매체 감상이다. 학생들은 인터넷 영상을 통해 세상을 접하고 판단의 근거를 마련하고 가치관을 형성해 가는 듯하다. 그렇다면 학생들의 흥미와 관심에 맞게 영상을 선택하여 그 영상에 나오는 발음 상황을 분석해 본다면, 일상에서 일어나는 우리말의 발음 현상을 파악하는 데 도움이 될 것이다.

① 영상 선택하기

이 활동은 모둠별로 진행하며 분석할 영상은 모둠별로 토의를 통해 정하도록 한다. 5분 정도 분량의 영상을 선택하되, 뉴스나 일상생활이나 토크쇼 등의 말하기가 중심이 된 영상이면 좋다. 또한 발음과 관련한 규칙을 찾는 활동이므로, 말하기가 잘 표현된 영상을 선택하도록 하면 효과적이다.

② 영상의 말하기 발음 옮겨 적기

모둠원이 함께 영상의 말하기 발음을 옮겨 적되, 한꺼번에 적기보다는 여러 번 반복하여 시청하며 정확하게 옮겨 적는다. 이때 잘못된 발음도 그대로 옮겨 적을 수 있도록 한다. 휴대전화, 학습지가 필요하며 10분 정도 활동 시간을 준다.

③ 음운 규칙에 따른 변동이 일어난 예를 학습지에 옮겨 적기

모둠별로 학습지에 옮겨 적은 발음에서 음운 변동이 일어난 부분을 찾고, 해당하는 음운 규칙에 맞게 학습지에 옮겨 적는다. 잘못된 발음의 경우 정확한 발음은 어떻게 되어야 하는지 쓰고, 해당 음운 규칙에 맞게 학습지에 옮겨 적도록 지도한다.

④ 활동 영상을 함께 감상하여 발견한 내용에 대해 발표하기

모둠별로 활동한 결과물을 영상과 함께 발표하고 공유할 수 있도

국어 수업을 시작하겠습니다

록 지도하고, 발표가 끝난 후 수정이나 보완이 필요한 부분에 대해 피드백한다.

⑤ 정리하기

'음운 변동 현상의 원리와 규칙을 익혀 일상생활에서 올바르게 발음하고 표기'할 수 있는지, 자신의 언어생활을 돌아보도록 한다. 더불어 음운 규칙을 아는 것이 일상생활에서도 유용하게 활용되며 올바른 의사소통에 영향을 준다는 사실을 생각할 수 있도록 지도한다.

문법, 국어 생활, 탐구 학습

고3 수업 교실은 다른 학년에 비해 분위기가 무겁다. 그 무거움은 입시에 대한 부담감에서 오는 것이 크다. 학기 초에 서리는 의욕 섞인 긴장감은 시간이 갈수록 현실의 어려움을 받아들이는 무게감으로 바뀐다. 그래서 고3 수업은 무겁다. 그런데 마음의 무게는 몸으로 버티기에도 영향을 주는지, 수업 시간에 엎드려 있는 아이들이 하나둘씩 생겨난다. 고3 교실의 무거움은 입시 부담을 느끼는 학생들의 몸과 마음에서 뿜어져 나온다.

연구회 선생님들과 문법 수업 시간에 엎드려 있는 학생들에 대해 이야기를 나누었다. 수업 시간에 엎드려 있는 이유는 물론 매우 다양하다. 전날의 어떠한 일로 너무 피곤해서일 수도 있고, 그 시간에 어떤 사건으로 마음이 힘들어서일 수도 있다. 이러한 개인적인 사유들을 제외하면 엎드려 있는 학생들은 수업 시간에 흥미가 없어서일 것이다. 이유는 수업의 내용을 너무 잘 알아서, 혹은 너무 몰라서….

수업 진행은 중간 수준의 학생들에게 초점을 두어 진행하는데, 수업을 하다 보면 엎드려 있는 학생들이 자꾸 마음에 걸린다. 깨워서 물어보면 이미 오늘 진도 나갈 부분을 다 공부해 왔기 때문이란다. 예습이 잘 되었을 수 있지만, 그렇다고 해서 수업 시간에 엎드려 있는 것은 좀 아닌 것 같다. 몇 번을 지적하고 일어날 것을 이르지만, 눈이 저절로 감기는 것은 어쩔 수 없나 보다. 이렇게 되면 난감해진다. 붙잡아 일으킬 수도 없고, 일어날 때까지 수업을 중단하겠다고 으름장을 놓을 수도 없다. 스멀스멀 교사에게 자괴감이 밀려온다.

생각해 보면 수업 방식이 너무 입시만을 고려한 탓인 것 같다. 교과 특성상 상위권 학생들의 수강이 많다는 이유로 수능 문제 풀이에 초점을 맞추어 수업을 진행했다. 문법 개념을 설명하고 기출 문제를 푸는 단순한 수업 방식이었지만, 학생들은 이미 기출 문제는 겨울 방학 때 다 풀었으니, 수업 시간에 배우는 내용에 어떤 흥미도 호기심도 일어나지 않는다. 교사가 수업의 초점을 입시 대비에 맞추게 되면, 학생들에게도 수업은 입시를 위한 하나의 과정에 지나지 않을 것이다. 그러니 이런 상황에서 갑자기 이상적 수업을 진행하지 못한다고 한탄한다면 현실을 미리 알고 대비하지 못한 교사 자신에 대한 변명에 지나지 않을 것이다.

한편 문법 실력을 이미 갖춘 학생들을 중심으로 수업을 진행한다면, 수업 시간에 문법 기초를 배워서 수능 문제에 도전하려는 학생들을 소외시키게 된다. 이들에게는 문법의 기본 개념을 정확히 설명하고 이를 바탕으로 기출 문제를 풀 수 있도록 이끌어 주는 수업이 필요하다. 수업이 입시 대비에 초점을 맞추었다면 그래야 하는 것이다. 그렇다면 수업 시간에 내용을 미처 이해하지 못한 학생들에게는 피드백을 해 주면서 부족한 부분을 보충할 수 있도록 해야 한다. 상위권 학생들에게는 도전적인 문제를 제공하고, 기초가 부족한 학생들에게는 기본 실력을 갖추어 문제 풀이 능력을 기르도록 한다면 입시 대비 수업에서는 이보다 이상적인 것이 없을 것이다.

문제는 교사 혼자서 이 모든 것을 감당하기가 벅차다는 것이다. 그래서 이상적인 입시 대비 수업을 진행하기 어렵다. 혹여나 이상적인 입시 대비 수업이 가능하다고 하더라도, 그것으로 문법 수업을 잘했다고 할 수 없다. 왜냐하면 국어 교육의 궁극적인 목적은 지식을 실생활에 바르게 적용하여 국어 문화를 꽃피울 수 있게 해야 하기 때문이다. 문법 과목의 경우에는 수업 시간에 배우고 익힌 문법 지식을 국어 생활에 바르게 적용하여 올바른 국어 문화를 이끌도록 해야 할 것이다.

그렇다면, 배우고 익힌 국어 수업이 입시 대비로만 쓰이도록 하면 안 될 것이다. 국어 교과에서 말하는 '역량'들을 갖출 수 있도록 하는 것도 중요하므로, 문법을 지식 습득에만 머물도록 하면 안 될 것이다. 곧 문법 지식을 탐구할 수 있도록 구상해 보는 것이 필요한 것이다.

교과서와『수능 특강』으로 탐구 학습 도전하기

문법 교과에서 탐구 학습은 6차교육과정부터 언급되어 온 것이다. 국어 지식을 지식으로 습득하지 말고 국어 현상을 탐구하여 그 원리를 생각해 보는 것이 탐구 학습의 바탕이다. 연구회 선생님들은 이와 관련하여 수업 시간에 학생들이 몇몇 단어의 예만 보고 문법 원리를 파악해 내는 것은 현실적으로 불가능하며, 행여 문법 원리를 찾아낸다고 해도 시간이 많이 걸리고, 문법 지식을 정확히 아는 학생이 있을 때 가능하다는 의견을 내었다. 아마도 이것은 대부분의 학교 현장에서 같은 상황일 것이라 생각한다.

문법 수업의 초점을 입시 대비에만 두지 않고 문법 지식을 바르게 알아 이를 국어 생활에 올바르게 적용할 수 있도록 하는 것에 둔다면, 문법 지식의 바른 이해와 일상생활 적용, 이를 바탕으로 입시 대비 문제 풀이까지 연결할 수 있는 방법을 찾아야 할 것이다. 간단히 말하자면, 문법 교과서와 EBS『수능 특강』, 학생 탐구 활동을 조화롭게 만드는 방법 말이다.

우리 학교에서 사용하는 『언어와 매체』 교과서에는 문학 작품에 나오는 문장 몇 개를 제시한 뒤 그 문장의 짜임을 분석하게 하는 학습 활동이 있다. 그리고 이와 같이 표현했을 때 얻을 수 있는 표현 효과와 이와 같이 문장을 구성한 이유가 무엇인지 생각해 보게 한다. 문법 교과서에 나오는 일반적인 문장은 문법 규칙을 모두 갖춘 경우가 많아 딱딱하게 느껴질 수 있다. 반면, 문학 작품의 문장은 부드럽고 유연한 느낌을 준다. 문학 작품에 사용된 문장을 분석하는 과정은 문법을 실제 상황에 적용해 보는 기회가 되어, 배운 지식이 유용하게 사용됨을 확인할 수 있을 것이다.

교과서 학습 활동에 있는 이와 같은 문제는 문장을 하나하나 분석하면서 문법의 실제 적용에 대해 생각해 볼 수 있게 한다. 자연히 문법에 대해 탐구해 보는 활동이 될 것이다. 하지만 수능 시험에 나오는 문제 유형과 많이 다르다. 입시를 염두에 두어야 하는 고등학생 수업에서 매시간 수업을 이렇게 탐구 학습으로만 진행하기에는 현실적으로 어려울 것이다.

그렇다면 이에 대한 보완으로 『수능 특강』을 풀어 보는 시간을 갖는다면 좋을 것이다. 이는 교과서를 통해 익힌 기본 개념을 『수능 특강』 풀이를 통해 배운 내용을 잘 익혔는지 점검해 보는 활동에 해당할 것이다.

정리하면, '문장의 구조와 짜임'에 대해 수업한다고 할 때 기본 개

넘을 익힌 후(개념 익히기) 교과서 학습 활동을 활용하여 실생활에 적용해 보고(탐구 학습), 문제 풀이를 통해 배운 내용을 점검(입시 대비)해 보는 것이다. 이를 수행평가와 연결한다면 학생들의 집중도를 높일 수 있을 것이다. 이와 같은 수업은 '탐구 학습'과 '입시 대비'를 모두 준비하려는 의도에서 나온 것이다. 두 마리 토끼를 잡는 것이 쉽지는 않겠지만 학기 초에 밀도 있게 준비한다면 가능점에 도달할 수 있지 않을까.

다만 모든 단원을 이렇게 수업을 하려면 시간이 부족하다는 문제가 생긴다. 이상은 현실 속에서 이루어져야 하는 것이니, 특정 단원이나, 꼭 필요하다고 생각되는 개념에 대해 수업할 때만 부분 적용해 보는 방법도 있을 것이다. 매시간 진행하지 못하는 '탐구 학습'의 방법이 무슨 의미가 있겠냐고 생각할 수도 있겠지만, 학생의 입장에서 한 번이라도 '탐구 학습'을 경험해 본다면 '탐구'의 재미를 알 수 있는 기회를 얻을 수 있을 것이다. 그리고, 그 '탐구'는 내 주변의 언어생활을 호기심 어린 눈으로 바라보는 것에서 시작된다는 것도 알게 할 수 있을 것이다.

그리고, 남는 생각들

'문법' 과목을 의미 있게 가르쳐 보기 위해 우리는 고심하지만, 학생들은 '문법' 과목과 '올바른 언어생활'에 대해 생각이 다양하다. 학생들과 함께하는 '문법' 수업을 하려면 우리 학생들이 어떻게 생각하는지도 알아보아야겠다. 여기에 올해 함께 수업을 했던 고등학교 1학년 학생들이 쓴 '문법 교육'과 '국어 생활'에 대한 의견을 제시한다. 학생들의 글을 읽다 보면 잠시 주춤거리게 된다. 내가 잘하고 있는지 의심스러워지는 것이다. 하지만, 이럴 때 학생들의 다양한 생각들이 나의 수업 태도를 돌아보게 한다. 내가 나아가야 할 방향을 바로잡아 주기 때문이다. 그래, 이렇게라도 소통할 수 있는 방법을 찾아 보면 좋아지겠지. 그러다 보면, 학생이 소외되지 않는 수업, 생각이 깊어지는 수업도 언젠가는 할 수 있을 것이라 생각해 본다.

문법 교육과 국어 생활에 대한 나의 생각

◈ 내가 우리말을 잘못 쓰고 있었다면 이유는 무엇일까?

· 신조어가 계속 나오지만, 이 단어들은 원래의 문법대로 쓰지 않는 경우가 많다. 줄임말을 많이 쓰기도 하고, 맞춤법이 틀려도 AI가 알아서 바꿔 주니 내가 틀렸는지 안 틀렸는지 잘 알지 못한 것도 있는 것 같다. **태훈**

· 메시지를 보낼 때 쌍자음을 쓰려면 화면을 두 번 눌러야 하니 귀찮아서 그냥 홑자음을 쓴다. 예를 들어 "했었다"를 써야 한다면 "했엇다" 식이다. 귀찮아서 그런 것도 있지만, 결정적인 이유는 의미를 전달하고 읽는 데에 지장이 없기 때문이기도 하다. **율민**

· 맞춤법에 맞추어 쓰지 않더라도, 직접 찾아보지 않는 이상 틀렸다는 것을 알 방도가 없기에 잘못된 관념이 굳어진 경우도 있다. **도현**

· 말을 할 때에 어렸을 때부터 사투리나 신조어를 많이 들었을 경우처럼 메시지나 글을 쓸 때에 책을 안 읽고 인터넷 매체에

서 잘못된 우리말을 많이 봐서 일 것이다. **중운**

· 인터넷과 소셜 미디어에서 빠른 소통이 중요시되다 보니 축약이나 신조어가 많이 사용된다. 이러한 언어가 일상생활에도 많이 사용되면서 올바른 한국어 사용이 어려워진다. **예헌**

· 한글 맞춤법을 제대로 몰라서 우리말을 잘못 쓰고 있는 것 같다. **도영**

◆ 문법을 배우면 우리말을 바르게 쓰는 데 도움이 될까?

· 우리가 배우는 음운의 변동, 한글 맞춤법은 의사소통을 더 원활하게 하기 위해 만든 것이다. 문법은 문장을 구성하는 원리, 규칙을 잘 설명해 주기 때문에 의도한 바를 정확히 전달할 수 있어 우리말을 바르게 사용하는 데 도움이 된다. **재민**

· 적절한 상황에서 쓸 말을 판단하는 데 도움이 될 것 같다. 예를 들면 공적인 자리에서는 존댓말을 써야 하는데, 문법을 배우면 도움이 될 것이다. **중운**

· 문법을 배우면 우리말을 바르게 쓰는 데 도움이 될 뿐만 아니

라 문장을 더 잘 구사할 수 있고, 단어의 뜻을 정확히 이해하며 읽는 사람에게 도움이 될 수 있다. **서현**

·도움이 안 될 것 같다. 문법을 배우면 이해가 잘 되지 않아 똑같을 것 같다. **근우**

·큰 도움이 안 될 것 같다. 왜냐하면 문법을 배운다고 해도 친구들 사이에서 말할 때 불편하거나 귀찮기 때문에 대충 의미만 전달하는 식으로 쓸 것 같다. **재윤**

·어느 정도 도움은 되겠지만 굳이 하나하나 신경 써 가며 쓰는 일은 잘 없을 것 같다. 문법을 하나하나 신경 쓰며 대화하면 대화가 느려질 수도 있고, 귀찮을 것 같다. **서율**

·맞춤법을 배우면 우리말을 바르게 쓸 수 있다. **도영**

4. 메타버스와 AI 수업

메타버스·AI와의 한판 승부

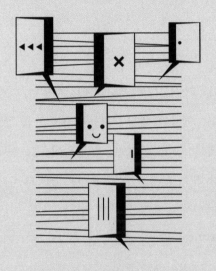

우리들의 고민

어쩌면 우리는 다소 고리타분한 사람들이었다. 디지털 기술이 발달하고 활용되는 세상 속에서 "선생님, 저는 요즘 말로 슬로어답터에요. 폴더폰에서 스마트폰으로 넘어간 이유도 연락이 불편하다는 제 지인들의 하소연 때문이었고요, 매 순간 울리는 알림음이 조금 귀찮은데, 메신저도 담임을 맡게 되면서 어쩔 수 없이 가입했거든요. SNS도 후기를 올리면 음료수를 무료로 준다기에 가입했지만 아무 게시글도 없어요."라고 말하는 교사였으며, "저도 SNS는 가입만 했지, 아무것도 없어요. IT분야에 관심이 없지는 않지만 아직 책으로 하는 수업이 좋아요. 인공지능이 우리 수업에 들어오기엔 조금 먼 이야기 아닐까요?"라고 말하며 눈앞에 다가온 현실에 적응하지 못하는 교사였다.

국어 수업을 시작하겠습니다

인공지능이 유일하게 이길 수 없는 종목이 '바둑'이라는 말이 무색하게 얼마 전 알파고라는 인공지능이 이세돌 기사와의 대국에서 승리를 거두었다. 이 장면을 보고도 '우아, 인공지능이 정말 많이 발전했네. 그래도 실생활은 아직 멀지 않았을까?'라고 생각했다. 하지만 코로나의 영향으로 원격 수업이 시작되면서 디지털 기술을 활용한 수업이 급격히 이루어졌고, 디지털 기술 습득은 선택 사항이 아니라 필수 사항이 되었다. 주변의 현명하고 준비된 일부 선생님들이 디지털 기술을 활용하여 수업하는 모습을 보며 뒤늦게나마 꾸역꾸역 ZOOM과 동영상 녹화와 편집, 패들렛 등을 활용하여 코로나 시기의 수업을 겨우 버텨 내었다. 그때까지만 해도 코로나 시기가 지나면 디지털 기술은 다시 제자리(교육이 아닌 다른 분야)로 돌아오고, 학교도 예전의 모습으로 돌아올 것이라 생각했다.

하지만 그런 기대는 헛된 바람이었던 것 같다. '메타버스'라는 가상공간이 수업에서도 활용되기 시작했고, 가르치는 학생들 사이에서 모둠활동을 하거나 개인 과제를 할 때 인공지능을 활용하는 모습을 종종 목격할 수 있었다. 개인적으로 인공지능이 학교생활기록부를 분석해서 개인의 진로에 유리한 부분을 알려 주고 추천해 준다는 이야기는 적잖은 충격이었다. 세상은 나보다 한참을 앞서가고 있었던 것이다.

우리는 더 이상 다가오는 현실을 늦출 수 없음을 깨달았고 메타버스라는 가상공간과 인공지능을 이용한 수업을 구상해 보기로 했다. 앞서간다기보다는 뒤처지지 않기 위해서. 무엇보다 학생들이 디지털 기술을 제대로 활용하도록 지도하기 위해서는 교사인 우리부터 바로 알아야 하지 않을까 생각했기 때문이다. 마치 바둑으로 알파고와 이세돌이 대결한 것처럼 '그래 한번 부딪쳐 보자.'라는 생각으로 우리 자신과 첨단 기술과의 한판이 시작된 것 같았다. 그렇게 많은 시간을 지나 도전의 한 고개가 지나갔다. 누군가 보기에는 어리숙하고 부족한 수업이겠지만 느리지만 최선을 다했던 우리의 수업 이야기를 소개한다.

국어 수업을 시작하겠습니다

해결책 찾기, 시도

아는 자는 좋아하는 자를 이길 수 없다 - 메타버스 만들기 1

메타버스 공간을 본격적으로 만들게 된 계기는 '외적 동기'와 '회피' 때문이었다. 학생들이 공부하기 싫어서 미뤄 둔 청소를 먼저 한다든가, 갑자기 재미없었던 소설책을 밤새도록 읽는다든가 하는 류의….

여름방학 동안 계절제 수업을 듣기 위해 대학원에 갔었다. 첫 학기였는데 내 생각과 달리 일정이 너무 빡빡했다. 타지역에 갔으니 카페도 가 보고 맛집도 찾아가는 여유로운 학기를 기대했는데, 실상은 새벽까지 도서관에 박혀 있으면서 '나는 지금 여기에서 무엇

을 하는가.'를 곱씹던 중이었다. 그러다 교직이론으로 듣는 강의에서 '학습하는 나를 관찰하는 보고서'를 작성하라는 과제를 받았다. 대학원 수업만으로 힘든데, 또 무언가를 배워야 한다니. 그때가 되어서야 머리 한 구석에 있던 '메타버스'가 삐죽 생각이 났었다. 연구회 주제도 공부하고, 대학원 과제도 하고 일석이조였다.

① 메타버스 플랫폼 정하기

메타버스를 배워 보겠다고 마음을 먹었지만, 무엇부터 시작해야 할지 몰랐다. 초기에는 학습할 수 있는 방법을 몰라 책을 빌리거나 유튜브 영상을 보았다. 책을 빌려도 너무 어려운 용어가 나왔다. 무작정 유튜브로 메타버스라 검색하니, 메타버스의 경제적 가치에 관해 영상들이 나왔다. 이미 각 나라와 기업마다 가상세계가 만들어졌으며 발 빠른 사람들은 가상세계 속 투자에 뛰어들었다는 등, 나는 지금 투자에 늦었는가 생각하면서도 저런 세계를 내가 만들 수 있다는 것에 진한 의구심을 가질 무렵, 검색을 잘못하고 있다는 생각을 했다.

메타버스와 관련한 온라인 연수도 신청했으나 영상을 시청할 수 있는 시간적 여유도 없었다. 그래서 택한 방법은 '연수 강의 목차대로 학습을 스스로 해 보자.'였다. 연수 목차에 첫 번째로 '게더타운 만들기'(그렇다. 다른 플랫폼보다 게더타운을 택한 것은 순전히 운이었다.)가 있었다. 이를 유튜브에 검색하니 가상공간을 만드는 실제적 방법을 알려 주는 영상이 많았다. 게더타운은 자료 올리기가 수월하고, 사적 공간을 활용한 모둠별 토론에도 유용했다. 또한 초보자라 하더라도 기본 공간 만들기에 수월해 보였다. 그리하여 영상을 보면서 '게더타운' 속 공간들을 만들어 나갔다.

② 공간 구상하기

메타버스 제작은 내용구성이 중요한데, 이를 위해선 수업 단원 선정이 우선되어야 했다. 내가 속한 모둠에서는 박태원의 「소설가 구보씨의 일일」을 수업 단원으로 정하였다. 「소설가 구보씨의 일일」은 주인공 구보가 경성 여기저기를 다니며 그때마다 떠오르는 생각을 정리하는 내용이 나오는 것으로, 주인공이 다니는 곳을 공간별로 구성한다면 메타버스의 장점을 활용할 수 있을 거라 보았기 때문이다. '가상세계'에 들어서면 나로 대변되는 아바타를 키보드 방향키나 마우스 커서로 움직일 수 있다. 만약 특정 공간을 1930년대로 꾸며서 학생들이 이곳저곳을 다녀 보게 한다면 실감나게 작품을 감상할 수 있을 거라 보았다. 문학 수업의 활동을 위해 강의룸도 만들고 사적 공간 만들기를 활용하여 모둠별 토론방도 구성하였다.

③ 내용 채워 넣기

'강의룸'에서는 작품 줄거리와 작품 특징, 문학사적 의의에 관한 문서자료와 영상을 올려 두었다. 학생들이 작품을 감상한 후 이에 대한 감상을 '패들렛'에 연결하여 작성하도록 하고, 이를 공유할 수 있도록 하였다. 이후 '방탈출' 형식으로 내용 이해 퀴즈를 풀도록 했다. (못 풀면 못 나온다.) '토론룸'에서는 사적 공간을 만들어서 모둠별 토론이 가능하도록 하였고, 이 또한 패들렛과 연결하여 토론이 끝난 후 토론 내용을 다른 모둠과 공유할 수 있도록 하였다. '1930년대의 공간'에서는 소설 속 구보 씨의 이동 경로에 따라 당시 1930년대의 모습을 볼 수 있는 시·청각 자료들을 연결해 두었고, '작가와의 방'에서는 박태원의 연보와 작가의 사진, 구인회 관련 활동을 연결해 두었다.

게더타운에서 활용할 수 있는 방법들을 찾으며 따라하다 보니 점차 공간을 만드는 시간이 즐거워졌다. 대학원 과제이자 연구회 과제라는 외적동기가 작용하기도 했지만, 게더타운 속 가상공간이 나의 상상대로 구축되는 과정을 보면서 재미를 느꼈다. 공부에 비해 재미있었고, 만들다 보면 새벽이 넘어가는 것은 금방이었다. 이건 내 과거사와도 연관이 있다. 롤플레잉 게임을 하면서 유닛을 뽑는 것과 이기는 것보다는 공간을 만드는 것을 더 재미있어 했기에, 나만의 학교와 수업 공간을 만들어 나가는 재미는 점차 커져 갔다.

약 한 달 반, 그리고 내가 만들어 낸 작은 국어 수업 공간. 이론으로 알고 있는 것과 실행하는 것은 큰 차이가 있었다. 제작 도구가 손에 익지 않아 여기저기 자료를 찾기도 했고, '방탈출'을 못해 며칠

씩 갇혀 있기도 하고. 공간만 만드는 것이 아니라 그 공간을 채워야 할 자료를 찾고, 이 자료가 공유될 수 있도록 주소를 바꾸는 일 등 준비할 일이 많았다. 그러다가 하나씩 문제를 해결해 가고, 생각한 대로 공간을 꾸며 가다 보니 더 잘하고 싶은 욕심이 일어났다.

놀면서 하는 공부는 가능하다 - 메타버스 만들기 2

수업 시간에 메타버스를 활용해야겠다는 마음을 먹고 주변을 둘러보니, 생각보다 메타버스를 활용한 자료들이 많았다. 학교 모습을 본뜬 메타버스 공간에 자유롭게 돌아다니며 정보를 탐색할 수 있도록 학교 홈페이지를 만들어 놓은 것도 있었고, 일제 강점기를 구현하여 의병의 일생을 경험하는 이야기를 꾸며 놓은 공간도 볼 수 있었다. 이러저런 공간을 찾아보던 나는 '메타버스는 인터넷 공간에 있는 것이고, 인터넷에서 학생들은 게임을 하며 즐거움을 찾는다. 그렇다면 게임을 즐기면서 학습도 할 수 있는 방법은 없을까?' 하는 생각이 들었다. 그 생각은 학습용 게임 메타버스를 만드는 것으로 이어졌다.

옮겨 왔을 뿐인데 '내'가 자유롭게 돌아다니는 자율성이 부여되어서일까? 훨씬 재미있게 느껴졌다. '학생들에게 열심히 내용을 가르치는 것도 좋지만, 메타버스를 활용해서 학생들 스스로 즐기면서 공부할 수 있게 할 수 있지 않을까.' 하는 생각이 들었고 본격적으로 메타버스 공간을 제작하기 시작했다.

① 메타버스 플랫폼 정하기

다양한 메타버스 플랫폼을 살펴봤지만, 나의 눈에 들어온 것은 'ZEP'이라는 플랫폼이었다. 어린 시절 도트로 만들어진 롤플레잉 게임을 매우 좋아했고 이런 게임 형식의 메타버스를 구현하고 싶었다. 'ZEP'은 내가 좋아했던 게임 요소들을 구현하기 좋다고 생각했다. 조작도 단순했고, 무료로 활용할 수 있는 다양한 오브젝트와 NPC를 제공하고 지속적으로 업데이트가 이루어진다는 점이 선택의 이유가 되었다.

② 디자인하고 구상하기

사실 학습 내용보다 더 고민했던 것은 콘셉트와 그에 따른 공간 구성이었다. 학생들이 즐기면서 배우도록 하기 위해서는 몰입할 수 있는 환경을 조성하는 것이 먼저라고 생각했기 때문이다. 고민한 결과, '시험 기간에 공부하던 학생이 다른 공간에 떨어져서 늦지 않고 시험을 보기 위해 문제를 해결한다.'라는 콘셉트의 방탈출 형식의 공간을 만들기로 했다. 큰 나무를 중심으로 작은 집들이 자리 잡고 있는 배경을 선택하여 힌트와 문제를 풀 수 있는 다양한 다른 공간과 연결될 수 있도록 디자인했다.

국어 수업을 시작하겠습니다

③ 채우고 수업 내용 연결하기

스토리에 따라 다양한 장소로 이동하는 열쇠나 힌트를 얻기 위한 문제로 최근에 가르쳤던 '음운의 변동'과 관련해서 난이도를 조절하여 내용을 넣어서 오브젝트에 설정했다. 스토리와 관계없이 돌아다니는 학생들을 위해 깜짝 장소도 마련하고, 유명한 아이돌이나 아재 개그를 포함하기도 하면서 최대한 가볍게 즐길 수 있는 요소를 넣었다. 또 진행을 못 하는 학생을 위해 '관리자' 캐릭터로 돌아다니며 미니게임 기능을 이용해 힌트를 주거나 안내하며 흥미를 잃지 않고 참여할 수 있도록 했다.

긴 시간을 머리를 쥐어뜯고 실제로 학생들의 관점에서 조작해 보며 재미가 있을까, 보완할 것이 있을까, 학습에 도움이 될까를 고민하고 수정하며 완성한 메타버스 공간을 학생들에게 두근거리는 마음으로 공개했고 그 결과는? 성공적이었다. 처음 시도하는 평가 방식이기 때문일까. 모바일로 참여가 가능했기 때문에 문제없이 다들 흥미롭게 참가했다. 간혹 길을 잃거나 스토리를 읽지 않고 진행하다가 뒷이야기를 먼저 해결하는 경우 등 예상하지 못한 문제들이 발생하기도 했지만, 대체적으로는 모두 배운 내용을 서로 물어보고 다시금 떠올리며 재미있고 즐겁게 학습하는 모습을 볼 수 있었다. 누군가가 보기에는, 쓸데없는 아재 개그나 귀여운 사진을 보며 웃는 학생들을 보며 '저게 무슨 공부냐.'라고 생각할 수도 있을 것 같지만, 수업 시간을 행복하게 보내면서도 확실하게 개념을 확인하고 공부하는 모습은 내가 의도한 수업의 목적과 맞았다. 또한, 시간이 지나도 학생들이 학습 내용을 오래 기억하고 있었다는 점에서 메타버스를 활용한 수업은 효과적이었다.

④ 메타버스 수업이 끝나고

물론 아쉬운 점도 있었다. 먼저 학생들의 행동을 통제하기 어렵다는 점이다. 문제에 대해 생각하지 않고 답만 친구에게 얻어서 해결하는 등 제대로 된 평가가 이루어지지 못하는 경우도 있고, 내용보다는 공간에 흥미를 보이고 돌아다니는 행위에만 몰두하는 학생들도 있었다.

또 플랫폼 측면에서도 아쉬움이 있었다. 제작에는 많은 시간이 걸렸지만, 이해가 빠른 학생은 수업 시간의 절반이면 모든 단계를 통과하여 여유 시간을 보내고 있었다. 메타버스 공간을 만드는 데 들인 시간과 노력 대비 활용의 폭이 다소 적다는 점, 아무래도 정해진 플랫폼의 한계를 넘어서는 것들은 구현하기 어렵다는 점 등 아직은 개선할 여지가 많았다.

무엇보다 가장 중요한 점은 '코로나가 종식되어 대면 수업이 가능한 이 시점에 다시 만들어서 활용할 것인가.'라는 질문에 대해 '그래도 아직은….'이라는 답이 떠오른다는 것이다. 만들어 놓은 가상세계 속 국어 교실은 우리가 얼굴을 보고 대면하는 공간에 비해 흥미로울지는 모르나 현실에 비해 서로 간의 소통이 어렵고 부족하다. 기술이 아무리 발달하더라도 여전히 아이들과 복닥거리며 수업하고 싶은 마음은 욕심일까.

착점[01], 첫 수를 놓다 - AI 활용하기 1

> 소년, 돌멩이, 민들레 홀씨, 우주, 아저씨로 시를 써 줘.

소년은 작은 돌멩이를 손바닥에 올려 놓고 햇살 속에서 빛을 반사한다. 그 돌멩이는 마치 별처럼 반짝이며 소년의 손끝에서 우주로 나아갈 준비를 한다.
민들레 홀씨는 소년의 숨결에 실려 하늘 높이, 바람 따라 날아간다. 홀씨가 가는 곳마다 새로이 피어날 생명이 소년의 마음속에서도 조용히 움튼다.

우주는 그 홀씨처럼 소년의 꿈을 품고, 끝없는 가능성을 속삭인다. 소년의 눈은 별처럼 반짝이고, 미래는 그를 향해 열린 우주의 문처럼 기다린다.
멀리서 아저씨는 그 모습을 지켜본다. 시간의 흐름 속에서 자신을 본 듯, 조용히 미소 짓는다. 그 미소에는 세월의 이야기가 담겨 있다.

---

01 바둑에서 흑이 두는 첫 수. 일반적으로 첫 수는 바둑판의 구석(변의 교차점, 즉 화점이나 소목 등)에 두어 세력 확장을 꾀하는 경우가 많다.

나보다 훨씬 잘 쓴다. 인간인 내가 너의 창의력을 따라갈 수 있을까?

고맙습니다! 제 글이 마음에 들어서 기쁘네요. 하지만 인간의 창의력은 저와는 다른 차원에서 특별해요. 인간은 자신의 경험, 감정, 그리고 고유한 시각을 통해 세상과 상호작용하면서 독특한 작품을 만들어 내죠. 저는 데이터를 바탕으로 도움을 줄 수 있지만, 감정 깊이와 개인적 통찰력은 인간이 가진 창의성의 중요한 요소라고 생각해요. 인간들은 자신만의 스타일과 개성을 발전시켜 독창적인 작품을 만드니까, 그들의 창의력은 절대 따라갈 수 없는 특별한 것 같아요. 그래서 저도 인간 작가들과 협력하며 함께 더 나은 창작물을 만드는 데 기여할 수 있는 게 큰 기쁨이에요!

– chat-GPT와의 대화 발췌

　단순 검색엔진과 비슷하다고 생각했던 대화형 인공지능은 활용하면 할수록 내 삶을 편하게 만들어 주었다. 그림도 그려 주고 수업 도구도 만들어 주고, 가정통신문 인사도 대신 써 주고.

　그때부터 AI와 OTT에 맞서 미국의 작가들과 배우들이 파업을 강행하겠다는 뉴스가 눈에 들어오고, 국내 만화가가 자신의 그림체와 스토리를 AI에게 학습시켜 사후에도 만화가 창작될 수 있도록 하겠다는 기사들이 눈에 들어오기 시작했다. 몰래 추종하는 국어 선생님들의 블로그를 보니, 이미 chat-GPT를 활용하여 수업을 진행한 사례도 많았다.

그러다가 궁금해졌다. 내가 가르치는 아이들은 이를 사용해 봤을까? 수업 시간에 질문하니 한 반에 한 명이 손을 들었다. 갑자기 드는 걱정. 옆집 아이는 구구단을 다 외웠다는데 우리 아이는 아직 사칙연산만 하고 있는 그 초조함. 사실상 나조차도 AI라고는 아무것도 모르지만, 무작정 활용부터 해야겠다는 생각이 먼저 들었다.

① 대화형 인공지능을 활용한 글쓰기 수업

마침 가르치는 단원이 '설명하는 글쓰기'였기에 chat-GPT를 활용하여 글쓰기 수업을 해 보고자 하였다. 글쓰기의 단계에 맞게 학습 과정을 구조화하고, 이를 리로스쿨 속 과제란에 올렸다. 나 또한 chat-GPT에 물어, 중학생들이 흥미롭게 글을 쓸 수 있는 주제를 정해 달라 했다.

글쓰기는 일반적으로 "계획하기-내용 생성하기-내용 조직하기-표현하기-고쳐쓰기"의 단계를 따른다. 수업을 준비하면서 가장 고민했던 것은 chat-GPT를 쓰기의 단계 중 어디에 활용을 하도록 할 것인가였다. chat-GPT에게 주제를 제시하고 글을 작성해 달라고 하면, 아이들은 1분도 안 되어 완성된 글을 얻게 될 것이다. 고민할 시간이 줄어들어 좋아할 아이들이 생각나니 "표현하기" 단계는 제

첫째, 선생님이 제시한 아래 주제 중, 친구들에게 설명하고 싶은 주제를 1개 골라 주세요.
1) 왜 우리는 꿈을 꾸는 걸까?
2) 왜 사람에게 파란 피는 없을까?
3) 방귀를 참으면 어떻게 될까?
4) 왜 우리는 웃을 때 얼굴이 변할까?
둘째, 선정한 주제와 관련된 자료를 조사합니다. 자료 검색 시 공신력 있는지를 파악해야 합니다. 동영상 자료 1개, 전문 사이트 자료 1개, 그 외의 자료 1개(자유).
셋째, 조사한 자료를 바탕으로 하여 개요를 작성합니다.
넷째, 이를 활용하여 한 편의 설명하는 글을 작성합니다.
다섯째, chat-GPT를 활용하여 자신이 쓴 글을 고쳐 써 봅시다. 이때 다양한 질문을 주면서 글을 수정해 보세요.

외. "내용 생성하기" 단계부터 활용한다면 중학생들이 이해하기 어려운 논문과 전공 자료를 찾아 줄 테니 이 단계도 제외. 그래서 내가 선택한 것은 "고쳐쓰기" 단계였다. 아이들이 직접 찾은 자료로 초고를 작성한 뒤, 이를 chat-GPT에게 맡겨 믿을 만한 자료를 인용했는가를 묻고, 다양한 질문을 던져 글을 다듬도록 할 계획이었다.

② 피드백 활용하기

계획하기에서 표현하기 단계까지는 학생들이 무리없이 따라왔다. 이제 마지막 시간, 학생들에게 chat-GPT를 활용하는 방법을 알려 주었다. 다양한 질문들을 통해 글을 수정하는 과정을 알려 주고,

국어 수업을 시작하겠습니다

주제 : 사람에게 파란 피가 없는 이유

학생이 쓴 글	chat-GPT 수정한 글
사람의 피가 빨간색인 이유는 헤모글로빈은 적혈구에 포함된 물질이며, 사람의 피는 혈구(적혈구, 백혈구, 혈소판), 혈장(수분 등)으로 구성되어 있다. 혈구는 대부분이 적혈구로 구성되어 있으며, 적혈구에 포함된 헤모글로빈의 주성분은 철이다. 이 철이 산소를 붙잡아 두어, 적혈구 산소를 운반토록 하는 역할을 한다 즉 우리 피는 몸 전체에 산소를 공급할 뿐더러 <중략>	사람의 피가 빨간색인 이유는 적혈구에 포함된 헤모글로빈 덕분이다. 헤모글로빈은 철을 포함한 단백질로, 산소를 체내에 운반하는 중요한 역할을 한다. 이 글에서는 피의 색상이 어떻게 변화하는지, 그리고 다양한 동물들이 산소를 어떻게 운반하는지에 대해 살펴보자. 헤모글로빈은 적혈구 안에 들어 있는 단백질로, 산소를 결합하여 체내의 세포에 전달한다. 산소가 헤모글로빈과 결합하면 <중략>

자신이 원래 쓴 글과, chat-GPT가 수정해 준 글을 비교해 보고 달라진 점을 작성해 봅시다.

1. 나보다 글을 더 잘쓰고 똑똑하다.
2. 글의 정보가 나보다 더 정확하다.
3. 처음 끝 중간이 명확하다.

아이들에게 자신이 쓴 글의 신뢰성을 검증해 보고, 고쳐 쓰는 과정을 수행하도록 지도하였다.

그 후 자신의 글과 GPT가 고쳐 준 글을 비교한 뒤, 소감을 작성해 보면서 수업이 '끝이 났다.'

'끝이 났다.'로 마무리할 수밖에 없는 수업이었다. '국어 교사'라는 내 역할이 부족하게 느껴진 수업이었다. 나는 매체 사용법을 가르치고, chat-GPT에게 적절한 질문을 하는 방법을 알려 주는 데 시

주제 : 방귀를 참으면 어떻게 될까?

학생이 쓴 글	chat-GPT 수정한 글
여러분들은 학교나 여러 사람이 함께 있는 공간에서 방귀를 참아 본 적 있습니까? 어른이나 의사선생님들은 방귀를 참지 말라고 말씀하시던데 왜 그런 걸까요? <중략> 이렇게 방귀를 참으면 안 되는 이유를 알아보았는데요. 아무리 사람들이 많아도 방귀를 뀌어야 내 몸이 건강해지니 부끄러워도 방귀를 참는 것보다는 뀌는 쪽으로 행동해 보시기 바랍니다.	여러분은 학교나 사람이 많은 공간에서 방귀를 참아 본 적이 있나요? 방귀는 자연스러운 신체 반응이지만, 공공장소에서는 참기 어려운 경우가 많습니다. <중략> 또한, 참은 방귀는 체내에서 혈액으로 흡수되어 신경계에 영향을 미칠 수 있습니다. 이로 인해 불편함을 느끼거나 신경계에 문제를 일으킬 수 있습니다. 따라서 방귀를 참기보다는 부끄러움을 감수하고 배출하는 것이 건강에 더 좋습니다. 공공장소에서 방귀를 껴야 하는 상황이 민망할 수 있지만, 건강을 우선시하는 것이 중요합니다.

자신이 원래 쓴 글과, chat-GPT가 수정해 준 글을 비교해 보고 달라진 점을 작성해 봅시다.

문체가 일정하게 통일된다. 또 어려운 용어로 바꿔서 설명하는 것 같다. 내가 쓴 글을 토대로 하여 정돈된 글을 볼 수 있다는 점이 좋다. 그런데 내 글이 더 재미있게 느껴진다.

간을 쏟았을 뿐, 실제 학생들의 글쓰기 과정에 조력한 것은 chat-GPT였다. 고쳐 쓰는 과정도 학생의 글을 어떤 기준으로 수정했는지 알지 못한다. 또한, 소감을 읽다 보니 이 수업이 아이들에게 남긴 것이 무엇인지 고민하게 되었다. 수업 뒤 내가 느낀 감정은 가끔 chat-GPT로 내가 어려운 과제들을 해결할 때마다 느끼는 감정과 비슷하기도 했다.

chat-GPT로 인해 내 생활은 훨씬 편리해졌지만, 그 뒤에는 사유의 깊이가 얕아지는 경험도 있었다. 예를 들면, 글을 쓸 때 들이던 시간이 줄면서, 스스로 독창적인 사고를 하거나 자료를 수집하던 시간이 줄어든 경우이다. 수업을 준비할 때에도 예전에는 여러 가지 아이디어를 조율하는 시간이 있었다면, 지금은 질문 한 번으로 답을 얻을 수 있었다. 고민하는 동안 일어난 마음의 부담은 줄었지만, 그 과정에서 얻었던 작은 발견과 성취의 기쁨도 희미해진 듯하다. 문득, 이런 나의 모습이 고민하기를 싫어하는 아이들과 크게 다르지 않다는 생각이 들었다. 시간이 아깝다는 이유로 너무 쉽게 대화형 인공지능에 의지했던 것은 아닐지… 첫 수업도 스스로 깊이 고민하지 않고, 무작정 대화형 인공지능을 활용하여 수업하면 되겠다고 생각했으니 'GPT가 수정한 글이 좋다.'는 소감으로 결과가 남겨진 건 아닐까.

최근 인터넷에 바둑판 모양의 케이크를 본 적이 있었다. 흑 돌과 백 돌이 수를 놓는 가운데 78수에 놓여 있던 흑 돌. 이 바둑과 팔순이 어떤 관계가 있냐는 질문에, '바둑을 좋아하셨던 분이다.', '대국 기사는 아니었을까.' 하는 추측 댓글들이 많았다. 그때 적힌 또 다른 댓글. 바둑 기사와 알파고의 네 번째 대결에서 78수가 인간이 둔 신의 한 수였고, 알파고는 당황한 채 79수를 둔 후, 80수부터는 인간이 승기를 잡아 갔다는 설명이 있었다.

'신의 한 수'는 아니었지만, 처음으로 AI를 활용해 보았던 나의 첫수. 그 다음 수는 어떻게 둬야 할까.

재응수[02], 흐름을 이어 나가다
- AI 활용하기 2

인공지능을 공부하면서 인공지능은 절대 인간 개개인이 가진 경험과 정서를 쫓아올 수 없다는 것을 느꼈다. 인공지능은 이미 주어진 결과물을 분석해 무언가를 추측하고 도출할 수 있겠지만 일반적인 내용만을 다룬다는 점에서 한 개인이 겪는 경험과 그 과정에서 느끼는 개별적이고 특수한 정서는 따라가지 못한다고 생각한다.

그렇다면 어떤 활동이 고등학생들의 이런 개별성을 잘 이끌어 줄수 있을까 고민했고, 그중에서 글쓰기가 가장 적합하다고 생각했다. 글쓰기는 자신의 경험을 구체적으로 드러낼 수 있는 통로이다. 창의적인 표현을 활용해서 개성을 드러낼 수 있으며, 글을 쓰기 위해 긴 시간 동안 자신을 성찰하는 기회를 제공하기 때문이다. 글쓰기를 선택한 또 다른 이유는 인공지능을 도구로써 활용하기에 적합하다고 생각했기 때문이다. 인공지능을 활용하는 학생들의 모습

---

02 바둑에서 두 번째 수는 '응수(흑의 첫수에 대해 백이 두는 수)'라 하며, 이에 다시 대응하는 흑의 다음 수를 '재응수'라 한다. 재응수부터는 본격적으로 포석(대국의 초반 전략)이 전개된다.

에서 가장 안타까웠던 것은 그들이 정답을 찾는 것에만 집중하고 있다는 점이었다. 자신이 원하는 답을 요약적으로 찾는 것에만 익숙한 학생들은 인공지능을 만능 해결사라고 생각하고 스스로 수동적이고 수용적인 태도를 자처하고 있었다. 그런데 자기 경험을 바탕으로 글을 쓴다면, 인공지능이 답을 내려 줄 가능성이 거의 없어 보였다. 오히려 고쳐 쓰는 과정에서 활용한다면 학생 스스로가 주체가 되어 인공지능을 도구적으로 사용하는 이상적인 상황이 만들어질 것이라는 생각이 들었다.

① 떠올리기와 적어 보기

'나를 돌아보는 글쓰기'로 주제를 잡고, 가장 먼저 학생들이 자기 경험을 자유롭고 다양하게 떠올릴 수 있도록 안내했다. 학창 시절 중 가장 행복했던 기억, 가장 슬펐던 기억, 노력했지만 실패했던 기억, 가능하다면 바꾸고 싶은 기억 등으로 항목을 세분화했다. 친구들과 추억을 공유하기도 하면서 다방면의 기억을 떠올릴 수 있도록 유도했으며 가능하다면 구체적인 부분까지 간략하게라도 기록할 수 있도록 지도했다. 다양한 경험을 살펴본 후 자신에게 가장 많은 깨달음을 준 경험을 골라 개요를 작성하며 구체화하고 초고를 작성하는 과정을 거쳤다. 학생들이 구체화하는 과정을 다소 어려워해 단순하게 일반화하는 경우도 있었다. 이럴 경우, 개인만의 특수성이 없어질 수 있으므로 세밀하게 개성을 담을 수 있도록 적되, 당시 자신이 느낀 정서나 생각, 깨달음을 위주로 기록해서 차별성을 둘 수 있도록 독려했다.

② 쓴 것 다시 보기

학생들은 대부분 초고를 작성하고 나면 고쳐쓰기 과정을 귀찮아하는 경향이 있다. 고쳐 쓰는 것은 집중력이 필요하고 번거로운 일이지만 보다 나은 글을 완성하기 위해 필요한 과정이다. 하지만 학생들은 자신의 글이 어디가 부족한지 구체적으로 알기 어려우므로 이를 도와줄 조력자가 필요하다. 대부분의 글쓰기는 수업 중에 이루어지기 때문에 선생님이 주된 조력자가 될 가능성이 크지만, 다수의 글을 모두 꼼꼼하게 검토하기란 꽤 고된 작업이며 시간도 부족하다. 그래서 나는 이 과정에서 인공지능을 활용하기로 했다. 마침 '자작자작'이라는 글쓰기를 도와주는 인공지능 프로그램이 개발되어 운영 중이었고, 학교에 예산을 지원받아 활용했다. 교사가 글감을 바탕으로 하나의 방을 만들고 학생들을 초대하여 글쓰기 과정을 거치도록 한다. 학생들이 글을 작성하면 인공지능이 이를 인식해서 주제의 충실성, 어휘의 적절성, 문법의 정확성, 맥락의 일관성 등을 평가하고 수정 요소를 제시해 준다. 인공지능의 발언이 바로 학생에게 제공되는 것이 아니라 교사를 거쳐서 전달된다는 과정은 혹시나 있을 수 있는 잘못된 지도를 방지할 수 있어 적절해 보였다. 교사는 이를 사전에 검토하여 인공지능이 제안한 수정의 내

피드백 작성

작성 글에 대한 평가 항목별 피드백을 작성해 주세요. 피드백 작성을 완료할 수 없는 상황이라면 '임시 저장' 버튼을 누른 후 다음 번에 이어서 작성할 수 있습니다.

AI가 피드백 작성

AI 시스템으로 생성된 내용이므로 선생님의 검토와 수정이 필요합니다.
가끔, AI가 부정확하거나 불쾌감을 주는 정보를 표시할 수 있으며, 이는 자작자작의 입장을 대변하지 않습니다.

종합적인 평가   점수

글 전체의 구성, 명확성,   60~70   점
목표달성 여부를 평가합니다.
                                      평가내용

[평가 설명]
글의 내용은 OOO의 장점, 단점, 진로 및 경험을 다루고 있지만 각 항목을 보다 구체적으로 표현하면 독자들이 더 많은 정보를 이해할 수 있어요. 또한 어떤 점이 더 발전해야 하는지에 대한 언급도 좋을 것 같아요.

[수정 제안]
1) 끈기와 집중력이 부족하다고 언급했지만 어떻게 극복하려는 노력이 있는지 설명해 보세요.

2) 유감스럽게 부상을 당한 경험을 통해 어떤 점이 성장의 기회로 이어졌는지 구체적으로 언급해 보세요.

3) 미래에 어떤 선수가 되고 싶은지, 그러기 위해 어떤 노력을 하고 있는지에 대해 더욱 구체적으로 설명해 보세요.

용을 확인한 후 학생에게 제시하면 학생은 자신이 쓴 글의 보완점을 확인할 수 있었다.

③ 함께 감상하기

제시된 조언을 바탕으로 학생들은 자신의 글을 고쳐 쓰는 시간을 가졌고, 수정이 완료된 최종본을 가지고 삶을 공유하고 깨달음을 나누는 활동을 진행했다. '체험학습 중 다친 친구를 도왔을 때 너무 힘들어서 짜증도 났지만 지나고 나니 너무 뿌듯했다는 경험', '수업 시간에 친구들과 모둠활동을 하면서 모둠원이 따라 주지 않아 힘들었지만, 그로 인해 배운 것이 있었다는 경험', '체육활동에서 친구들과 힘을 합쳐 학급이 종합 1등을 한 경험' 등 모둠별로 각자의 글을 읽고 추억을 나누는 시간을 가졌다. 각자가 가진 소중한 경험을 나누고 공감하는 모습을 보며 프로젝트 수업을 마무리했다.

흔히 고쳐쓰기 활동을 제대로 하지 않았기에 과정을 신기해하며 열정적으로 참여하는 학생들은 그동안 막연하게만 느껴졌던 글쓰기의 문제점을 명확히 알게 되어 좋았다는 반응과 함께, 인공지능을 이렇게도 활용할 수 있는지 몰랐다며 적극적인 활용에 대한 의지를 보이기도 했다. 물론 여전히 고쳐 쓰는 것을 번거롭게 느끼는 학생들도 있었다는 점이 아쉽기는 했지만, 사전에 의도한 것처럼 많은 학생이 고쳐쓰기의 중요성을 깨닫고 자기 글쓰기의 보완점을 구체적으로 인식하는 계기가 되었다는 점, 학생들은 물론이거니와 나 자신도 인공지능에게 묻고 답을 적는 수동적 학습에서 벗어나, 인공지능을 활용하는 능동적이고 주체적인 학습 태도를 보이게 되었다는 점에서 고무적이었다.

인공지능이 제시하는 수정의 예시들이 다소 적절하지 않은 예도 있었지만, 전반적으로 자신이 쓴 글에 대해 부족함을 명확하게 인지하고 고민할 수 있는 계기를 마련해 주었다. 예를 들면 AI가

'학교생활은 내게 때때로는 힘들지만 난 누구보다 학교생활을 성실히, 적극적으로, 능동적으로 하는 걸 자부한다.'를 '학교생활은 힘들기도 하지만, 항상 성실하고 적극적으로 참여하는 것을 자랑스러워한다.' 와 같이 수정해 보세요.

복잡한 구문을 단순화해서 글의 가독성을 향상시켜 보세요. '이 경험으로 내가 사람들 앞에서 말로 기쁨을 주고 싶다는 것, 진로로 삼아야겠다는 생각을 더욱 구체화, 확고히 하는 계기가 되었다.' 대신에 '사람들 앞에서 말로 기쁨을 전달하는 것이 나에게 진로 방향을 정하는 데 큰 영감이 되었다.'와 같이 요약할 수 있어요.

위와 같이 주제와의 연관성과 가독성에 대해 구체적인 조언을 하면, 학생들이 스스로 글을 다듬고 더 적합한 표현을 배우게 되어 도움이 되었다. 또한

글이 주제를 정확히 다루고 있지만, 더 많은 세부적인 사실이나 경험을 들려주면 독자들이 더 많은 공감을 할 수 있을 것 같아요.

라며 AI가 추상적인 조언을 주는 경우에도 학생들은 자신이 쓴

글을 다시 바라보고 고민할 수 있는 기회를 갖는다는 점에서 훌륭한 교수 도구라는 생각이 들었다.

승부수, 마지막 대국 시작하다
- AI 활용하기 3

인공지능을 활용해서 기획한 마지막 프로젝트 수업은 주제 선정 모둠별 발표였다.

인공지능을 활용하는 학생들의 모습은 매우 수동적이고 무비판적이었다. 학습이나 탐구과제의 궁극적인 목적은 진행하는 과정에서 치열하게 궁리하고, 탐색하며 자신의 역량을 키우는 것이라고 생각한다. 하지만 여전히 인공지능을 활용하여 공부하거나 과제를 하는 학생들을 보면 단순히 정답을 적어 내거나 결과물을 생성하는 데 있지 않나 싶다. 빨리 마무리하고 자신이 하고 싶은 것을 하기 위한, 혹은 만사가 귀찮으니 핵심만 알면 되지 않느냐는 류의.

이러한 문제를 해결하고자 모둠활동을 기획했다. 다수의 모둠원이 모여 과제를 해결하기 위해 의견을 공유한다면 다양한 생각 때문에 오히려 인공지능에 대한 의존성이나 수용적인 태도가 낮아질 것이라 기대했다. 또 모둠활동 중 인공지능 활용이 뛰어난 또래를 보고 활용법을 배우고 자신의 태도를 성찰하는 기회가 되지 않을까 싶었다.

모둠 프로젝트를 기획한 또 다른 이유. 학생들이 인공지능을 이용해서 혼자서 얼마든지 답을 구할 수 있다 보니 소통하고 협력하는 모습을 찾아보기가 더욱 힘들어졌다는 점이다. 다른 사람과 소통하여 조정하는 과정 없이, 자신이 묻는 말에 잔소리 하나 하지 않고 순순히 정답을 내어놓는 인공지능은 학생들이 보기에는 최적의 대안이라고 생각하는 것처럼 보였다.

현대사회가 개인주의화 되면서 역설적으로 협력과 협동의 중요성이 더 커지고 있다고 본다. 하지만 여전히 개인의 이기심과 욕망으로는 해결되지 않는 일들이 많다. 더더욱 양보와 협력은 현대사회를 살아가는 필수 요소이다. 그래서 더욱 인공지능을 개인의 문제 해결 도구가 아닌 집단의 협력 도구로 활용해 보고 싶은 마음이 컸다.

① 주제 톺아보기

수업의 주제는 '지속 가능한 도시 개발'이었다. 수업 초반에는 인공지능을 활용하지 않고 학습자 개인의 경험과 생각을 활용할 수 있도록 독려하여 능동적인 학습 태도로 참여할 수 있도록 유도했다. 인공지능을 도구로써 인식하고 활용법을 익히려는 의도였다. 개념적 이해를 도우면서 흥미를 갖고 참여할 수 있도록 자신이 생각하는 도시에 대해 '닿소리 표[03]'를 활용하여 모둠원끼리 자유롭게

---

03 해당 소재에 맞추어 머릿속에 떠오르는 단어를 자음 글자별로 정리하는 활동이다. 예를 들어 ㅅ에는 '사람 사는 곳, 시골의 반대' 등 주거와 관련된 표현을 적는 것, ㅎ에는 '환경 파괴' 같은 도시화의 단점과 관련된 표현을 적는 것 등을 말한다.

생각을 나누고 이를 전체와 공유하며 도시의 이모저모를 떠올리는 시간을 마련했다. 교사로서 나는 모둠원들이 말하는 다양한 의견에 대해 무비판적이고 수용적인 태도로 응하면서 더욱 창의적인 의견들을 유도했다. 이후 학생들이 사용했던 표현을 활용하여 도시화로 인해 벌어지는 문제점(환경, 인구, 식량, 차별 등)을 소개했다. 이러한 문제점을 인식한 이후 지속 가능한 도시 개발의 개념은 무엇인지, 실제로 지속 가능한 개발을 실천하는 도시인 '화성시'와 '독일'의 사례를 들어 학생들이 주제에 대해 충분히 이해할 수 있도록 도왔다.

② 내 주변의 불편 사항 찾고 해결 방법 찾아보기

본격적인 인공지능 활용에 앞서 모둠별로 우리가 현재 살고 있는 도시에서 자신이 경험했던 것 중 불편하게 생각되는, 혹은 지속할 수 없다고 생각되는 도시의 모습에 대해 의견을 나누어 보는 시간을 가졌다. 모둠별로 각기 '분리 수거, 고령화 문제, 교통 혼잡, 청정 도시, 쓰레기 문제'를 프로젝트의 주제로 정하고 인공지능을 활용해 탐구를 시작했다. 비슷한 문제가 있는 도시가 또 있는지, 심각성의 정도를 다른 곳과 비교해 보기, 지속 가능한 도시를 위해 어떤 노력들을 하고 있는지 등을 질문형 인공지능을 활용하여 살펴보고 의견을 나누기로 했다.

이때 중점을 두었던 것은 인공지능을 활용하는 방법과 이를 수용하는 태도이다. 앞서 언급한 바와 같이 인공지능은 일반적인 내용만 간략하게 핵심을 요약해서 제시하며, 그 출처가 드러나지 않기 때문에 추가적인 질문을 통해 정보를 더욱 구체적으로 파악하는 것이 필요했다. 또한 인공지능으로 얻은 정보가 올바른 정보인지를 추가로 파악하는 과정을 두어 비판적으로 정보를 수용하는 태도를 갖도록 지도했다.

몇몇 학생들은 AI에게 적절한 답을 얻기 위한 질문하기 방법을 몰라서 종종 어려움을 겪는 모습을 보였으나 모둠활동의 취지에 맞게 주변 친구들의 도움을 받으며 적응하는 모습을 보였다. 다만, 인공지능이 답한 출처를 확인하는 과정을 다소 귀찮아하는 학생들의 모습이 아쉬웠다. 인공지능의 답변이 신뢰성이 있다고 여기기에 따로 출처를 확인하는 과정을 불필요한 행위로 여기는 것 같았다. 이런 학생의 경우, 자신의 이름을 대화형 인공지능에 검색어로 넣어 보게 하였다. 직접 잘못된 정보를 제공하는 경우를 보고 나서야 출처와 정보의 신뢰성 파악의 중요성에 공감하는 모습을 보였다. 정보를 수집하고 이를 바탕으로 발표 자료를 작성하여 정보를 공유하고 프로젝트 수업을 마무리했다.

③ 진행 과정 돌아보기

모둠별 프로젝트 수업을 진행하면서 몇가지 아쉬운 점이 존재했다. 첫째, 동일한 인공지능을 활용한 나머지 답변이 너무 비슷했다는 점이다. 정보를 가져오는 알고리즘이 같기 때문인지 인공지능에게 질문을 하면 비슷한 답변만 제공하여 각 모둠에서 찾은 정보들의 변별점을 찾기 어려웠다. 물론 초기에 얻는 답변을 바탕으로 모둠원들이 제각각 인공지능에게 추가 질문하는 과정에서 세분화된 답을 얻을 수 있었다. 하지만 정보의 다양성을 위해서는 서로 다른 인공지능 프로그램을 활용하거나, 관련 서적을 직접 찾는 등의 방법으로 기초 정보를 얻는 과정이 필요하다고 생각했다. 둘째, 정보의 구체성이었다. 보편적으로 도출할 수 있는 일반적인 문제점에 비해 특정 지역에 해당하는 정보의 경우, 정확도나 내용의 질이 떨어지는 결과를 보였다. 이를 해결하기 위해서는 지역민을 대상으로 하는 인터뷰나 지역 간행물 등을 활용하는 것과 같은 적극적인 탐색 방법이 필요하다는 생각이 들었다.

인공지능을 활용한 프로젝트 수업은 대체적으로 만족스러웠다. '인공지능이 제공하는 답을 무비판적으로 수용하는 문제', '인공지능에 의존하여 스스로 생각하지 않는 문제'를 학생들이 스스로 깨닫게 하고 싶다는 수업 의도는 잘 실현된 것 같다. 초기에는 출처를 확인하거나, 추가적인 질문을 하는 과정을 지도했을 때 학생들이 귀찮아하고 어려워하는 모습을 보였지만, 질문하는 방법에 대해 조언을 구하기도 하는 등, 참여 태도가 적극적으로 바뀌어 갔다.

이 과정에서 학생들이 인공지능의 답을 무비판적으로 수용하는 것의 한계를 느끼고, 스스로 생각하며 학습하는 과정의 중요성을 깨달았겠다는 생각이 들었다. 또한 개인적으로 문학 등 국어 분야에 비해 '매체 교육'의 중요성을 과소평가했었는데, 인공지능을 '매체'로써 활용하는 수업을 진행하면서 '매체 교육'의 중요성을 다시금 생각하는 계기가 되었다. 개인적으로 가장 크게 만족스러웠던 부분은 학생들이 인공지능을 매개로 서로 의견을 교환하고 해야 할 역할을 나누는 등 협력과 문제해결의 도구로써 인공지능을 활용하는 태도를 보인 부분이었다.

그리고, 남는 생각들

　최근 졸업한 아이들이 찾아와 같이 저녁을 먹고, 작은 손에 이끌려 부끄럽게 셀프 스튜디오에서 사진도 찍었다. 내가 저녁을 사 준게 못내 고맙고도 미안했는지, 자기들끼리 속닥거리더니 카페에서는 나를 가로막고 서서 맛있다는 자두 빙수를 사 준다. 일찍 집으로 보낼 걸 그랬나. 밤 8시가 넘어가는데 지치지도 않는지 요즘 새로운 트렌드나 음식과 춤, 노래, 아이돌, 밈meme을 줄줄 이야기하고 있다. 고등학생들의 시간은 어른인 나의 시간보다 더 많은 걸까. 내가 최근에 알게 된 세상사나 유행어를 말하면 "샘, 그건 이미 지났어요."라며 핀잔을 준다. 학교 동아리 이야기에서, 고등학교에서 가르치는 선생님들 소개며, 축제 준비에, 시험 이야기까지, 마지막엔 다같이 노래방을 가잔다. 음악 수행평가가 5개나 된다고, 이번 가창

　국어 수업을 시작하겠습니다

시험에서 자신이 부를 노래를 한 소절씩 부르기도 한다. 그러다가

"샘, 요즘 제 수행평가의 80%는 chat-GPT가 해 줘요."

"걔도 틀릴 때도 있단다. 잘 써야 해."

"당연히 알죠. 얼마 전 한국사 수행평가 때문에 독립신문 창간을 검색해 봤거든요. 그런데 창간자로 '신채호'라고 뜨는 거예요. 서재필인데."

"맞아. 보고 '어?' 싶었어. 그거 모르는 아이들은 그대로 썼을걸요?"

"그래서 팩트체크 꼭 해요. 간혹 그냥 써서 점수 깎이는 아이들도 있어요."

생각지도 못했던 아이들의 말에 마음 한편이 조금 가벼워졌다.

\<H 학생의 소감\>
확실히 나 혼자 막연하게 글을 썼을 때는 충분히 고민하고 썼다고 생각했고, 나름 글을 잘 쓴다는 평가를 들어서 다시 내가 쓴 글을 본다는 생각은 잘 안 한 것 같다. 이번 기회에 '자작자작' 프로그램을 활용해 보니 얼마나 부족한 점이 많은지 깨달을 수 있었다. 처음 선생님께서 인공지능을 활용해 고쳐쓰기를 하라고 하셨을 때 귀찮다는 생각이 먼저 들었고 굳이 왜 해야 하나 하는 생각이 들었는데 막상 하고 나니 왜 고쳐 써야 하는지 어떤 부분이 잘못됐는지 정확히 알 수 있어서 확실히 특별한 경험이었던 것 같다.

\<K 학생의 소감\>
 평소에 인공지능을 많이 사용하는 편이다. 편하고 잘 정리해서 알려 주기 때문이다. 그런데 이번 활동은 좀 힘들었다. 이전에 다른 수업에서 쓸 때 답을 찾고 바로 옮겨 적으면 됐었는데, 찾은 걸 바탕으로 우리 지역의 문제점이랑 연결 지으라는 말이 너무 어렵게 느껴졌다. 막상 찾으려고 하니 어떻게 찾을지도 몰랐지만, 친구들의 도움으로 해결할 수 있었다.

- 인공지능 수업을 경험한 학생의 소감

인공지능을 활용한 수업을 기획하고 운영해 봤을 때 느낀 점은 '교사도 배우고, 올바르게 가르쳐야 한다.'이다. 잘만 활용한다면 학생뿐만 아니라 교사에게도 수업의 방향성을 제시해 주고, 다양한 수업을 가능하게 해 준다는 측면에서 큰 도움이 된다고 생각했다.

교육은 기술의 발전과 더불어 계속 변화해 왔다. 컴퓨터와 인터넷이 등장하면서 많은 교육 소프트웨어와 프로그램들이 개발되었다. 교사들은 이를 활용해 수업을 더욱 풍성하게 계획하고 운영할 수 있었고, 학생들은 재미있고 쉽게 수업을 들을 수 있게 되었다. 또한 코로나가 유행하던 시절 온라인 학습이 강화되어 어디서나 교육을 받을 수 있는 환경이 마련되었다. 그뿐만 아니라 각종 교육 콘텐츠 활용이 가능해졌고, 다양한 용도로 활용이 가능한 전자칠판 설치 등, 환경적으로 훨씬 개선되었다고 할 수 있다.

하지만, 기술의 발전은 긍정적인 면만 존재하진 않는다. 유명했던 한 학원강사는 이제 개인이 공부할 필요가 없고, 인공지능 칩을 이식하면 된다고 이야기하기도 한다. 그만큼 인공지능 기술이 편리하고 유용하다는 의미다. 반면 편하다는 말은 이에 대한 의존성을 높이고, 비판적 사고력을 잃게 될 우려를 불러일으킨다. 소프트웨어를 활용한 교육으로 인해 학생들은 학업적 부담 외에도 소프트웨어 사용법을 익혀야 하는 부담이 늘어났다.(교사들도 마찬가지겠지만 말이다.) 태블릿이나 모바일 기기의 빈번한 사용은 오히려 수업에 집중하지 못하고 게임을 하거나 영상을 몰래 보는 등의 일

탈 행동을 유도하기도 한다. 하지만 이러한 부정적인 측면에도 불구하고 우리는 지속적으로 기술들을 활용한 콘텐츠를 개발하고 적극적으로 교육에 도입하고 있다. 주어진 기술을 활용하여 얻는 학습적 효과나 이득이 그로 인해 생길 수 있는 부작용보다 크다고 보기 때문일 것이다.

이미 인공지능은 다양한 산업 분야에서 활용되고 있다. 글로벌 유명 기업들은 인공지능과 메타버스를 차세대의 가장 중요한 기술 중에 하나로 삼고 있고, 우리의 일상에도 빠른 속도로 자리를 잡고 있다. 생활 습관에 맞추어 집 안 환경을 쾌적하게 만들어 주는 가전, 대화를 분석해 일정을 자동으로 저장하고 알려 주는 모바일 기기, 내가 산 쇼핑목록을 분석해 선호할 만한 물건을 추천해 주는 알고리즘, 수학 문제를 찍어서 올리면 풀이 과정부터 개념까지 알려 주는 어플까지. 주변에서 흔히 볼 수 있는 사례들을 떠올려 보면 앞으로 인공지능 기술이 더 적극적으로 활용되리라는 것은 명확한 사실이다. 그리하여 AI 시대를 살아갈 한 인간이자 교육 참여자로서 이번 수업을 운영한 경험을 바탕으로 AI와 함께 성장하기 위한 방법 몇 가지를 제안하고자 한다.

먼저 이러한 기술들이 교육의 발전으로 이어지기 위해서는 긍정적 수용 자세와 마음가짐을 갖자는 것이다. 학생들을 지도하는 교사, 이를 활용해야 하는 학생, 그리고 동행하는 학부모가 메타버스나 AI의 부정적인 측면만 바라보고 우려만 한다면 오히려 학생들은 밀려드는 기술의 발전에 휩쓸려 헤엄치는 법을 익히지 못할지도 모른다. 파도를 맞이해야 할 때는 걱정만 하는 것이 아니라 상황을 받아들이고 헤쳐 나갈 방법을 모색해야 한다. 긍정적이고 열린 마음으로 메타버스와 AI 시대를 바라보자.

다음은 누구보다 먼저 기술에 대해 정확하고 올바르게 알고자 노력하고, 어떻게 하면 긍정적으로 활용할 수 있을지 고민하고 도전하자는 것이다. '아무것도 하지 않으면, 아무 일도 일어나지 않는다.' 는 말이 있다. 자전거를 타고 싶다고 생각만 한다고 자전거를 탈 수 있는 것은 아니다. 마찬가지로 메타버스나 AI를 바르게 사용하고 싶다면, 교육적 측면에서 충분히 사용해 보고 적용해 보려는 도전과 시도가 반복되어야 한다. 그 도전이 비록 실패로 끝나더라도 그 경험을 통해 얻는 깨달음이 분명히 있을 것이다.

마지막으로 첨단 기술이 완벽하다는 생각은 하지 말자는 것이다. 앞서 말한 것처럼 최근 개발되는 기술들에는 부정적인 면이 존재한다. 그리고 그 부정적인 면을 보충하고 채워 줄 수 있는 것이 역설적으로 과거의 수업이 아닌가 싶다. 사유할 수 있는 시간을 주고, 천천히 그리고 다양하게 정보를 탐색할 수 있는 여유를 주고, 얼굴을 맞대고 이야기를 나눌 수 있기 때문이다.

고리타분한 사람들의 신세계 도전기는 한차례 끝이 났다. 그 과정이 쉽지만은 않았다. 새로운 세상은 배울수록 끝이 보이지 않았다. 간혹 결과물에 비하여 드는 시간과 수고로움이 커서 '여기까지

국어 수업을 시작하겠습니다

만 해도 괜찮지 않을까?' 하고 타협하고 싶기도 했다. 그럼에도 불구하고 계속해서 새로운 세상을 배우고 도전해 나갈 것이다. 아이들을 가르치는 교사로서 새로운 지식을 배우는 것 또한 책임이 있기 때문이다. 아이들에게 새로운 가능성을 보여 주기 위해, 다소 어렵고 막막한 길이어도 나아가야겠다고 스스로를 다잡는다.

5. 연극과 팟캐스트 수업

국어 수업을 위해 너희들을 캐스팅!

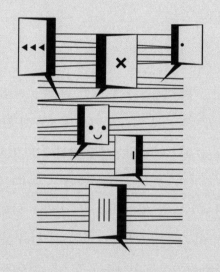

우리들의 고민

　2021년은 코로나바이러스감염증-19 상황으로 인해 불안했고, 5인 이상 집합 금지 등으로 인해 함께 모여 연구회 활동을 하는 것도 조심스러웠다. 그런 어수선한 상황 속에서 2021년 우리 연구회의 첫 모임은 ZOOM 화상 회의를 통해 이뤄졌다. ZOOM 화상 회의에서 만난 우리들은 코로나바이러스감염증-19로 떠들썩한 상황에서도 우리 연구회가 꾸려 나갈 한 해를 그려 보았다. 그중 함께 해 보기로 한 것이 모둠별로 독서 활동을 한 뒤에 읽은 책을 중심으로 책과 관련된 팟캐스트를 제작해 보고, 연극을 배워 보기로 한 것이었다.

　우리 연구회는 라디오나 팟캐스트처럼 목소리와 음악, 음향 등을 중심으로 하는 청각적인 매체를 국어 수업에 활용할 수 있는 방법을 고민해 보았다. 텔레비전이 보급되기 이전, 우리들에게 각양각색의 소식들과 이야기를 전해 주던 가장 대표적인 매체는 라디오였다. 사람들은 그 당시에 라디오를 들으며 울거나 웃었고, 기뻐하거나 분노했다. 텔레비전이 등장하고 난 뒤에는 원래의 자리에서 많이 물러난 느낌이기는 하지만, 라디오는 여전히 현역에 있다. 팟캐스트는 라디오에서 공적인 부분들을 덜어 내고 사적인 부분들을 허용하면서 진화한 매체이다. 그래서 팟캐스트는 누구나 제작할 수 있다. 그리고 내용이나 형식, 시간에 덜 구애받아서 자유도가 매우 높다. '라디오 문학관', '이은선의 영화관', '정여울의 도서관'과 같은 프로그램은 라디오에서 문학 작품을 들려주거나 소개해 주는 대표적인 프로그램이고, '정여울의 미드나잇 북클럽'이나 '이동진의 빨간 책방'은 팟캐스트에서 책을 소개해 주는 좋은 프로그램들이다.

우리 연구회는 이런 라디오 프로그램이나 팟캐스트 프로그램처럼 모둠별로 책을 읽고, 그 책을 소개하는 단기 프로그램을 제작해 보면 좋겠다고 생각했다. 특히 자유도가 더 높은 팟캐스트의 형식을 취하는 것이 단기 프로그램 제작에 대한 부담을 덜 수 있을 것이라 여겼다. 그리고 팟캐스트 제작과 관련된 일련의 과정들을 국어 수업으로 끌고 와서 학생들과도 팟캐스트 제작을 함께 해 본다면, 학생들이 문학 작품을 감상하는 데에서 그치지 않고 매체를 통해 적극적으로 문학 작품 감상 내용을 공유할 수 있는 경험을 해볼 수 있으리라는 믿음도 있었다. 유행의 중심에 있는 매체를 수업에 접목해 보는 것은 교사의 입장에서는 몹시 부담스러운 도전이 아닐 수 없다. 하지만 팟캐스트라는 이 매력적인 매체는 우리를 그런 대담한 도전으로 이끌었고, 우리는 그렇게 팟캐스트에 도전했다.

그리고 우리 연구회는 연극 배우에게 연극을 배우는 시간도 가졌다. 국어 교사는 수업 시간에 학생들에게 희곡 작품을 가르치고, 연극 배우들은 관객들 앞에서 희곡 작품을 토대로 연극 공연을 한다. 그런 의미에서 우리 연구회 선생님들과 연극 배우 사이에는 '희곡'이라는 모종의 연결점이 존재한다고 생각했다.

수업 시간에 아이들은 대체로 희곡 작품을 어려워하고 지루해하는데, 이 아이들이 어른이 되어 연극을 즐겁게 감상한다는 사실은 참으로 역설적이다. 그래서 이런 생각을 했다. 아이들이 희곡 작품 감상에서 더 나아가 희곡 작품을 토대로 연극을 직접 해 본다면 어떨까?

그렇게 우리 연구회는 연극 배우를 모셨고, 연극 배우께서 준비해 오신 대본에 등장하는 인물들의 역할을 맡아서 상황에 맞는 적절한 어조와 속도, 감정 등을 살려 가며 대본을 낭독하는 시간을 가져 보았다. 물론 낭독이 쉽지는 않았다. 몸짓 연기가 아닌 단지 낭독만 하는 것이었는데도 맥락에 맞게 분위기를 살려 읽어 내기가 어려웠다. 그런 점에서 배우들은 정말 대단하다는 생각이 들었다. 대본을 낭독하는 일이 어렵다고 해서 희곡 작품 수업에 대한 도전을 멈출 수는 없었다. 우리 연구회는 연극 배우께 배운 내용들을

바탕으로 희곡 작품을 연극으로 표현하는 수업에도 도전해 보기로
했다.

해결책 찾기, 시도

연극 수업 : 돈 주고는 안 볼 연극, 돈 주고도 못 살 시간
- 교사의 경험을 살려 연극 수업 도전하기

고등학생 때 청소년 문학회에서 활동했던 적이 있었다. 고등학교 1학년부터 3학년까지 대략 서른 명 정도의 청소년들이 모여 문학을 공부하던, 일종의 지역 청소년 문학 동아리였다. 지역 로터리 클럽의 작고 허름한 사무실이 우리의 모임 장소였다. 우리는 그 장소를 무상으로 대여받아 2주에 한 번씩 세 시간 정도 저녁에 모여 창작한 시를 제출하고 합평하는 시간을 가졌다. 공식적인 명칭은 '영북 청소년 문학회'였지만, 주로 시 창작과 시 합평이 우리의 주된 활동이었다. 3학년 때는 입시 때문에 소홀했었지만, 1학년 때부터 2

학년 때까지는 여러 편의 시를 써 내며 제법 열심히 참여했다. 당시 나에게 자작시를 함께 모여 합평하는 일은 매우 즐겁고 신선한 경험이었다.

이 청소년 문학회의 가장 큰 행사는 시화전詩畵展, 시낭송詩朗誦, 시극Poetic Drama, 詩劇으로 이루어진 겨울 시낭송회였다. 그래서 우리는 여름방학이 끝난 뒤 가을부터는 합평회의 비중을 줄이고 시낭송회 준비에 많은 시간을 썼다. 1학기 때 썼던 자작시 중에서 시화와 시낭송에 사용할 시를 선정했다. 그리고 학교 미술 동아리 친구들에게 부탁해 시화를 제작했다. 바깥 공기가 쌀쌀해지기 시작하는 무렵에는 시내에 나가서 후원금도 걷었다. 또 시낭송회 포스터를 만들어 지역 내 학교와 시내 거리에 우리가 만든 포스터를 붙이는 홍보 활동도 했다. 그러다 보면 2학기는 금세 지나갔고, 겨울 시낭송회가 다가왔다.

시낭송회에서는 본 행사인 시낭송이 있기 전까지 행사장 내 벽에 시화를 걸어 두고 손님을 맞이했다. 그리고 시낭송이 시작되면 초대한 손님들 앞에서 각자 자신의 자작시를 돌아가며 낭송했다. 손님들은 시낭송이 시작되기 전까지는 행사장 내에서 시화를 감상하며 시화 액자 주변에 포스트잇으로 짧은 쪽지를 남기거나 꽃다발 등을 놓아 두었고, 시낭송이 시작되면 자리에 앉아 낭송자의 시낭송을 듣고 조용히 박수를 보내 주었다.

시낭송회의 본 행사는 물론 시낭송이었지만, 이 행사의 백미는 아무래도 이 행사의 마지막 순서인 시극이었다고 나는 생각한다. 시극은 연극과 비슷했지만, 연극 대사의 일부를 시로 표현한다는 점이 달랐다. 마치 연극 대사의 전부나 일부를 노래로 표현하는 오페라나 뮤지컬과 비슷한 점이 많았다.

처음으로 얼굴 위에 두껍고 과장된 분장을 칠하고 암전된 무대 위로 올라가 조명이 켜지길 기다리던 그 순간은 심장이 터질 것 같은 설렘과 긴장감으로 가득했다.

나는 부모님을 잃고 가장이 되어 동생들을 보살펴야 하지만, 불의의 사고로 다리를 잃고 불구가 된 영철이라는 인물을 연기했었다. 무대 위에 조명이 켜졌을 때, 불구가 된 영철을 대신해 돈을 벌기 위해 술집에 취직한 동생 영숙과 갈등하는 장면을 오 분 정도 연기하고 퇴장했었다.

삼십 분 정도 되는 짧은 시극에서 오 분 만에 시 한 편을 낭독하고 어리숙한 연기를 하고 퇴장했지만, 퇴장 후 대기 공간에서 마음 졸이며 시극이 별 탈 없이 끝나기를 바라던 그 기억은 지금도 나를 설레게 만들곤 한다. 고생했다고 말하며 스태프들이 막 퇴장한 나의 어깨와 등을 토닥여 주던 감촉과 대기실에 난 낡은 창문으로 내려다 보이던 작은 도시의 불빛들의 잔상이 여전히 나의 기억 속에 아련하게 남아 있다.

고등학생 시절의 그런 기억 때문인지는 몰라도 대학교 1학년 때에는 학과 연극 동아리에 덜컥 가입했다. 장 아누이Jean Anouilh의

「반바지La Culotte」라는 희극 작품을 공연으로 올렸었는데, 늦봄부터 시작해 여름 내내 공연 준비를 하고, 가을에 이틀간 공연을 했던 기억이 아직도 선명하다. 처음 대본을 받아 들고 풋풋한 마음으로 리딩하던 때와 선배에게 혼이 나며 연기 지도를 받았던 때가 생각이 난다. 여름방학 때 연출자와 모든 스태프들, 배우들이 모여서 공연을 하게 될 무대 위에서 밤샘 연습을 하던 것도, 강릉 바다로 동아리 여름 여행을 가서 인적 드문 해변을 무대로 삼고 어두운 밤바다를 관객 삼아 연기 연습을 하던 것도 떠오른다.

나는 당시 여성 상위 시대에서 난봉꾼 짓을 하다가 재판에서 거세형에 처해지는 '레옹'이라는 인물을 연기했어야 했는데, 연기가 너무 서툴러 많이 혼났다. 연기를 잘하고 싶다는 마음에 연극을 관람하려고 주말에 친구와 함께 대학로를 얼쩡대기도 했다. 「반바지」는 공연 시간이 두 시간 정도 되는 작품이었기 때문에 고등학생 시절 시낭송회 때 했던 삼십 분 정도 되는 시극과는 분량부터가 달랐다. 그래서 쏟아부었던 시간과 열정의 크기도 공연 시간에 비례할 수밖에 없었다. 늦봄, 무더웠던 여름을 지나 가을이 되어 공연을 모두 마쳤을 때 차올랐던 성취감과 밀려왔던 공허함은 며칠 동안이나 나를 들뜨게 했다. 정말 많이 혼났고, 공연 연습 때문에 힘들고 지치기도 했지만, 연극과 함께한 세 번의 계절이 어떻게 지나갔나 싶을 만큼 지난 시간들이 모두 꿈같이 여겨졌다.

한번은 고등학교에서 국어 수업 시간에 박완서 작가의 「그 여자네 집」을 각색하여 연극으로 공연했던 적도 있다. 학년별로 네 학급씩 총 열두 학급이 있던 작은 고등학교였는데, 한 국어 선생님께서 1학기 2회 고사가 종료되고 난 뒤, 방학 전까지 남는 시간에 학년별로 교과서에 나왔던 소설 작품을 하나 선정하여 희곡으로 각색한 뒤, 학교 소강당에 연극으로 무대에 올려 보자는 제안을 하셨다. 1학기에 치러야 하는 시험이 모두 끝난 시기라 교사들도 학생들도 그런 도전을 해 보기에는 괜찮은 시간이었다.

대략 1주일에서 2주일 정도 국어 시간마다 연극 준비를 했다. 글쓰기에 재능이 있던 친구들이 각색을 맡아 대본을 썼고, 그림 그리기를 좋아하던 친구들이 소품과 배경을 준비했고, 화장에 진심이던 친구들이 분장을 책임졌으며, 음악에 관심 많던 친구들이 음악과 음향을 담당했다.

학년별로 네 학급이 경연을 펼치기로 해서 아이들은 아주 진지하게 연극 공연 준비에 애를 썼다. 그 준비 과정에서 나는 평소 국어 시간에는 보이지 않았던 아이들의 면면들을 완전히 새롭게 들여다볼 수 있었다. 나뿐만이 아니라 아이들도 다른 친구들의 새로운 모습을 발견할 때마다 눈을 동그랗게 뜨거나 턱에 힘을 빼고 입을 벌리거나 묘한 탄성을 내뱉곤 했다.

이 연극 공연 경연은 1학기 2회 고사 이후 무료해하던 아이들을 움직이는 원동력이 되었다. 그리고 이 과정을 통해 아이들은 학급 친구들과 협업하여 작은 연극을 공연해 보는 남다른 경험을 해 볼 수 있었다. 이 연극 공연 경연은 아이들에게 분명 특별한 기억으로 남을 것이 분명했다. 연극 경연이 끝난 뒤에도 아이들은 준비했던 무대 배경과 소품들을 버리지 못하고, 여름 방학을 할 때까지 교실 뒤편에 고이고이 모셔 두고 있는 것을 보았기 때문이다.

살면서 희곡 작품이 내게 특별하게 기억되었던 것은 이렇게 세 번 정도였다. 학교 다닐 때야 수업을 들어야 했으니 억지로 희곡 작품들을 읽었기 때문에 특별히 기억될 것이 없었다. 그러나 고등학생 시절 시극 공연을 할 때와 대학생 시절 연극 공연을 할 때, 내 손에는 늘 희곡 작품으로서의 꼬질꼬질한 대본이 들려 있었다. 그리고 국어 수업을 하다가 연극 공연 경연을 했을 때에도 아이들 손에는 각색된 희곡 작품으로서의 대본이 손때 타고 구겨진 채로 꼭 쥐어져 있었다. 그 희곡 작품들은 나와 아이들을 연극으로 이끌었고, 우리는 그렇게 희곡 작품들을 특별하게 만나 기억할 수 있었다고 믿는다.

희곡 용어 알려 주기, 희곡의 상징성 설명하기

어느날 나는 고전 소설 「토끼전」을 각색한 엄인희 작가의 「토끼와 자라」라는 희곡 작품 수업을 앞두고 있었다. '갈등의 진행과 해결 과정에 유의하며 작품을 감상할 수 있다.'라는 감상 중심의 학습 목표와 '희곡의 갈등 양상을 이해하고 연극 활동을 할 수 있다.' 라는 표현 중심의 학습 목표를 토대로 '갈등을 연극으로 표현하기' 라는 수업을 준비 중인 상황이었다. 나는 평소에도 희곡 작품을 가르치는 일은 다른 문학 작품을 가르치는 일보다 좀 더 어렵다는 생각을 많이 했다. 갈래 특성상 아이들에게 생소한 용어들이 많이 나오고, 소품과 도구 및 사건 등이 상징적으로 표현되고 있으며, 대사를 통해 갈등이 진행되기 때문에 작품의 주제를 파악하는 것이 쉽지 않다고 여겼기 때문이다.

아이들에게 희곡 작품 수업이 유의미한 경험이 될 수 있도록 하기 위해서는 수업을 잘 설계해야 했다. 그래서 그동안 아이들과 희곡 작품 수업을 하면서 느꼈던 몇 가지 문제들을 두서없이 떠올려 보고, 그 문제들을 해결하기 위한 방법들도 생각해 봤다.

희곡 작품 수업을 하면서 느꼈던 문제 중 한 가지는 학생들이 희곡 용어에 대해 생소함을 느낀다는 것이었다. 학생들은 희곡 작품을 처음 만날 때 '장', '막', '해설', '지문', '대사', '대화', '독백', '방백', '희극', '비극' 등, 평소에 들어 보지 못했던 용어들을 무수히 접한다. 학생들은 이런 희곡 용어들을 접하면서 희곡이 매우 어려운 갈래의 문학이라고 느낀다. 희곡 용어들은 희곡 작품에 대한 깊이 있는 감상을 위해서 반드시 알아야 하는 요소임에는 틀림이 없다. 그렇지만 희곡 용어들은 희곡 작품에 대한 어린 학생들의 접근성을 저해하는 요소이기도 했다. 중학교 1학년 학생들이 희곡 용어도 학습하고, 희곡 작품도 감상하기에는 아무래도 꽤 부담이 클 것이었다. 그래서 중학교 1학년 학생을 대상으로 한 희곡 작품 수업에서는 희곡 용어 학습을 토대로 한 깊이 있는 감상보다는 감상 자체에 대한 접근성을 높이는 것이 더 중요하다고 판단했다. 정말 필요한 '해설', '지문', '대사' 정도의 필수적인 희곡 용어만 알려 주고, 그 외의 다른 희곡 용어는 아이들이 요청하지 않는 이상 먼저 언급하지 않는 게 좋겠다고 생각했다.

희곡의 상징성에 대해 가르치다 보니 희곡 작품 감상 교육에 소홀해지는 경향이 있다는 것도 희곡 작품 수업을 하면서 느꼈던 문제 중 한 가지였다. 중학교 및 고등학교 교과서에 실린 희곡 작품들에는 유독 상징적인 요소들이 많이 등장한다. 내가 모든 교과서에 있는 희곡 작품들을 아이들과 함께 감상한 것은 아니다. 그러나 고등학교 아이들과 함께 읽었던 이근삼의 「원고지」와 이강백의 「파수꾼」 중학교 아이들과 함께 읽었던 이강백의 「들판에서」의 경우에는 상징성 강한 요소들이 많았다.

당시에는 수업할 때 아이들에게 희곡 작품 속의 상징들에 대해 명쾌하게 이해시키고 싶은 마음이 컸었다. 그래서 그랬는지는 몰라도 희곡 작품 속의 상징적인 요소들을 아주 세세하고 명확하게 떼어 내어 아이들에게 설명했다. 그러다 보니 희곡 작품을 쪼개어 분석하고 그것을 외우는 데 급급했다. 작품 감상이 바탕이 되고, 그 이후에 작품에 대한 분석이 이뤄져야 했는데, 작품 감상은 뒷전으로 미뤄 두고, 작품 분석에만 열을 올린 느낌이었다. 결국 나 때문에 아이들은 희곡 작품을 감상하지 못했다. 모두 내 탓이었다. 작품 분석이 중요하지 않은 것은 아니었지만, 작품 감상보다 중요한 것은 아니었기 때문이다.

그래서 이번에는 상징적인 요소보다는 이야기와 갈등에 집중해서 작품을 감상해 보는 것에 방점을 찍어 보기로 했다. 아무래도 아이들은 희곡 작품에 입문하는 초심자의 입장이기 때문에 아이들에게 희곡의 모든 매력을 다 알려 주려 하기보다는 즐겁게 감상할 수 있는 길을 열어 주는 것이 더 필요하다는 생각이 들었기 때문이다.

그러다 문득 청소년 문학회 활동을 하면서 시극 무대에 올랐던 어리숙했던 고등학생 때의 나와 무려 세 계절이 가는 동안 연극 무대를 준비해 공연을 올렸던 대학생 때의 나를 떠올렸다. 마음이 들썩였다. 아이들과 연극 수업을 해 보는 것을 상상해 봤다. 내가 겪어 왔던 경험을 떠올려 생각해 봤을 때, 연극 공연을 직접 해 보는 것은 분명 아이들의 기억 속에 희곡 작품을 특별하게 남길 수 있는 좋은 기회가 될 것이라는 생각이 들었다. 그래서 무작정 희곡 작품 수업 말고 연극 수업을 하자고 결심했다. 과거의 나의 경험이 연극 수업은 아이들로 하여금 희곡 작품의 매력을 느낄 수 있게 하는 좋은 방법일 것이라고 회유하는 것 같았다.

연극을 무대에 올리기

① 고려해야 할 몇 가지

나는 그렇게 연극 수업을 하기로 결심했다. 그러나 걱정이 많았다. 고등학교 1학년 학생들과는 연극 무대를 꾸려 본 경험이 있었지만, 중학생, 그것도 1학년 학생들과 이 수업을 별 탈 없이 치를 수 있을지 의문이었다. 연극 수업을 한 것도, 안 한 것도 아닌 상태로 어정쩡하게 수업이 끝나면 어쩌나 불안하기도 했다. 그래서 연극 수업을 하기로 마음먹고 난 뒤부터는 연극 수업을 하기 위해 고려해야 할 점들을 차근차근 떠올려 보았다.

연극 수업을 하기 위해 첫 번째로 고려해야 할 점은 장소였다. 연극 수업을 하기 위해서는 무대가 필요했다. 조명과 음향 시설까지 갖춰져 있는 장소라면 더할 나위 없이 좋겠지만, 언감생심 그런 것까지는 바라지 않았다. 소강당 정도라도 있었으면 좋았을 테지만, 내가 근무하는 학교는 꽤 작은 규모의 학교였기 때문에 떠올릴 수 있는 장소는 체육관과 홈베이스, 교과 교실 세 군데뿐이었다. 체육관은 체육 수업이 이뤄지는 공간이었기 때문에 나 좋자고 네 시간씩이나 체육 선생님들께 양해를 구하기에는 염치가 없었다. 그리고 체육관에서 연극 수업을 한다면 장소가 트여 있어서 아이들도 모종의 압박감을 느낄 것이었다. 체육관은 너무 거창했다. 홈베이스는 열려 있는 연극 무대처럼 사용하기에 좋은 장소이기는 했지만, 대기할 수 있는 공간이 따로 없어서 배우와 스태프들이 관객과 섞일까 봐 조금 걱정이 되었다. 교과 교실은 창문 쪽의 블라인드를 내려 암전을 만든 뒤에 조명을 활용할 수 있다는 장점과 컴퓨터 및 스피커 등을 활용해 음향 효과를 낼 수 있다는 장점이 있었지만, 무대로 쓰기에는 너무 비좁다는 느낌이 있었다. 그래도 중학교 아이들과 처음 해 보는 연극 수업이니 일단은 교실을 무대로 사용해 보기로 했다.

두 번째로 고려해야 할 점은 시간이었다. 희곡 작품 수업만 하기에도 시간이 빡빡한데, 희곡 작품을 연극으로 표현하는 수업까지 하려면 꽤 많은 시간이 필요했다. 희곡 장르와 관련된 수업을 하고 희곡 작품 감상하고, 인물, 사건, 배경을 파악하고, 구성 단계에 따라 갈등을 분석한 뒤에 앞선 내용들을 토대로 모둠을 편성해서 연극을 준비해서 공연하기까지 너무 많은 시간들이 필요할 것 같았다. 그래서 연극 수업을 포기하고 희곡 작품 수업만 하는 게 낫다는 생각도 했다. 그러나 이미 나는 연극 수업을 하기로 결심했으므로 연극 수업만큼은 꼭 해야겠다는 마음으로 희곡 작품 수업을 최소화하기로 했다.

세 번째로 고려해야 할 점은 모둠 편성이었다. 고등학생들과 연극 공연을 준비할 때에는 스물다섯 명 정도 되는 한 학급이 하나의 공연팀이 되어서 연극 공연을 준비했었고, 다른 학급과 경연을 치르는 상황이었다. 그러나 내가 연극 수업을 준비하고 있는 대상

국어 수업을 시작하겠습니다

은 중학교 1학년 학생들이었고, 학급끼리 경연을 하는 상황은 아니었다. 한 학급 학생들이 스물네 명 정도였는데, 고민이 많았다. 스물네 명의 학생들이 협업하여 다 함께 연극 공연을 준비해 올리는 것도 좋다고 생각했지만, 학급 내에 모종의 경쟁 구도가 존재하길 바랐다. 연극 공연 경연을 함께 했었던 고등학생 아이들도 다른 학급과의 경쟁 구도가 있었기에 좀 더 열정을 쏟았다고 생각하기 때문이다. 경쟁 구도가 동력으로 작용하기 위해서는 학급 내에서 모둠 편성을 할 필요가 있었다. 모둠원들과는 협력적 관계를, 모둠끼리는 경쟁적 관계를 이루면서 긍정적인 경쟁 관계 속에서 응집된 힘으로 협력하려면 스물 네 명의 학생들을 열두 명씩 나눠 모둠을 편성하는 것이 좋겠다고 생각했다.

② 5차시로 수업 단계 구성하고 진행하기

첫 시간은 마음처럼 쉽지 않았다. 첫 시간에는 희곡의 개념과 희곡의 3요소, 희곡의 구성 단계 등에 대해 학습하고, 작품을 감상했다. 이 수업의 궁극적인 목표는 연극 수업을 하는 것이기 때문에 희곡 작품 수업에 대한 힘은 최대한 빼려고 노력했다. 그렇지만 생각보다 욕심이 커서 희곡에 대해 아이들에게 들려주고 싶은 내용이 많았던 것 같다. 학업에 늘 열정적인 몇몇 아이들을 빼고 대부분의 아이들은 이 시간을 많이 지루해했다. 처음 배우는 생소한 내용들이 많았기 때문일 것이다.

「토끼와 자라」를 교과서 출판사에서 제공해 준 동영상으로 감상하기 시작했을 때에는 성우들이 감정을 살려 낭독해 주는데도 고개를 뒤로 젖히며 눈을 까뒤집는 아이들이 보였다. 불안이 엄습했다. 당장 다음 시간부터 연극 수업을 포기하고 희곡 작품 수업을 위한 필기 준비를 해야 하는 것이 아닐까, 하는 걱정도 됐다. 어쩐지 첫 시간부터 잘못된 길에 들어선 것 같다는 불안함과 다음 시간이 되면 괜찮아질 것이라는 기대감 사이를 서성이며 첫 시간을 꾸역꾸역 지켜 냈다.

두 번째 시간에는 모둠 편성을 하고, 작품 속에 등장하는 각 인물의 특징과 갈등 상황을 이해하는 수업을 했다. 먼저 스물네 명의 아이들을 열두 명씩 두 모둠으로 나눴다. 그리고 인물의 특징과 갈등 상황을 파악할 수 있는 활동지를 나누어 주었다. 아이들은 모둠원들과 함께 주요 인물과 주변 인물을 구분한 뒤 각 인물이 어떤 인물인지를 활동지에 간추려 나갔다. 그리고 '발단, 전개, 절정, 하강, 대단원'이라는 희곡의 구성 단계에 따라 희곡 작품 속의 갈등 상황이 어떻게 진행되는지를 정리했다.

모둠활동을 시작하자 아이들은 첫 번째 시간처럼 지루해하지는 않았다. 오히려 교과서를 몇 개 펼쳐 놓고 머리를 맞댄 뒤 등장인물들은 몇 명이나 되는지, 등장인물들이 어떤 성격을 지니고 있는지, 어떤 인물들이 갈등을 일으키고 있는지 등을 눈에 불을 켜고 찾기 시작했다. 모둠활동을 하는 아이들을 보며 나는 조금 후회했다. 첫

국어 수업을 시작하겠습니다

번째 시간에 모둠 편성을 먼저 하고 모둠 과제를 알려 준 뒤 희곡 작품을 읽었더라면 아이들이 좀 더 적극적으로 작품을 감상하지 않았을까, 하는 아쉬운 마음이 들었기 때문이다. 그래도 열심히 모둠활동을 하는 아이들 덕분에 첫 시간에 들었던 불안감은 많이 해소할 수 있었다.

세 번째 시간에는 작품을 연극으로 표현하기 위해 모둠 내에서 역할을 정하고, 연극 공연을 위한 회의를 하도록 했다. 아이들은 모둠 내 역할을 정한 뒤 연출자를 중심으로 배우 및 스태프 등 각 역할에 맞게 연극 공연을 위한 회의를 진행했다. 그해 들어서 내가 개입하지 않은 상황에서 이렇게 국어 시간이 시끌벅적했던 적이 있었나 싶을 만큼 아이들은 자기들끼리 희곡과 연극에 관련된 다양한 이야기들을 주고받고 의견을 조율하며 수업 시간을 소화해 나갔다. 내가 할 일이 별로 없었다.

세 번째 시간에는 아이들의 아이디어 덕분에 장소에 대한 고민도 시원하게 해결되었다. 이때까지 칠판이 있는 교실 앞쪽에서 연극 공연을 올리게 되면 한계가 많을 것이라는 고민을 계속 하고 있었는데, 아이들이 교과 교실 앞문과 뒷문으로 입장, 퇴장을 하면서 복도 쪽 벽을 무대로 활용하는 것을 보았기 때문이다. 아이들이 연습하는 것처럼 복도 쪽 벽을 무대로 하고, 창가 쪽 벽을 관객석으로 하면, 여전히 볼품없는 공연장이기는 하겠으나 제법 구색은 갖추겠구나 싶었다.

네 번째 시간에는 각종 소품 준비, 음악 및 음향 선정, 무대 배경 제작 등의 무대 연출 준비와 배우들의 연기 연습이 이루어졌다. 소품을 준비하는 아이들과 무대 배경을 제작하는 아이들은 끊임없이 종이와 크레파스와 매직펜과 사인펜을 요구했다. 소품을 준비하기 위해 종이 상자를 갖다 달라는 아이들도 있었고, 그림 좀 그린다는 친구들은 유화 물감을 요청하는 아이들도 있었다. 음악과 음향을 준비하는 아이들은 「토끼와 자라」라는 작품 특성에 맞게 동양적인 느낌이 물씬 풍기는 배경음악을 찾기 위해 고심했고, 인터넷에서 희귀하면서 트렌디한 각종 음향 효과들을 찾아냈다.

배우들은 자신이 맡은 대사에 형광펜을 그어 놓고 목소리 톤이나 감정 등을 표시해 놓고 대사를 외우거나 상대 배우와 대사를 주고받느라 여념이 없었다. 연출자를 맡은 아이들은 무대 동선을 짜고 배우들의 동선을 맞춰 보고, 소품이나 무대 배경, 음악 및 음향이 제대로 준비되고 있는지를 쉬지 않고 확인했다. 교과서 내의 희곡 작품을 따로 컴퓨터로 제작하고 배우 숫자만큼 출력해서 배우들에게 대본집을 나누어 주는 연출자 아이도 있었다.

내가 해야 할 일은 무대 연출을 위한 각종 재료와 도구들을 준비해 주는 일밖에 없었다. 중학교 1학년이라고 얕봤는데 자기들끼리도 준비를 제법 잘해 나가는 모습을 지켜보면서 얕본 것을 반성했다. 연극 수업을 시작할 때, 우리에게는 환경적인 제약이 있으니 열심히 노력하는 모습만 보여 줘도 충분하다고 했는데, 온갖 소품들과 무대 배경을 제작하는 것을 보면서, 더 좋은 환경을 제공하지 못하는 것이 마음에 걸렸다.

다섯 번째 시간에는 연극 공연을 했어야 했다. 그런데 아이들이 준비 시간이 더 필요하다며 시간을 더 달라고 매달렸다. 아이들에게 왜 시간이 더 필요하냐고 물어보았다. 연출자 아이는 아직 전체적인 공연의 흐름이 만족스럽지 않아서 리허설을 더 해야 한다고 했다. 무대 배경을 제작하는 아이들은 무대 배경을 표현한 도화지에 덧칠한 물감이 아직 덜 말랐기 때문에 물감이 마를 시간이 더 필요하다고 했다. 소품을 준비하는 아이들은 연습을 하면서 소품을 사용했는데 소품이 망가져서 보완할 시간이 필요하다고 했다. 음악 및 음향을 준비하는 아이들은 찾아 놓은 음악과 음향들을 편집할 시간이 좀 더 필요하다고 했다. 배우 아이들은 시간이 부족하기 때문에 대사를 모두 외우지 않아도 되고 대본을 들고 보면서 연극을 해도 된다고 이야기했는데도 자신이 맡은 대사를 외울 수 있는 만큼 외워 보겠다고 나를 설득했다.

처음에 아이들이 시간을 더 달라고 했을 때에는 시간이 더 주어진다고 달라질 것이 있을까, 하는 의문이 들었지만, 아이들의 이야기를 듣다 보니 납득이 됐다. 그러면서도 한편으로는 "우리 학생들이 언제부터 국어 수업에 이렇게 열정적이었나요?"라고 되물었다. 빈정대려는 것은 아니고, 아이들이 통사정을 하는 모습이 너무 예쁘고 벅찬 마음이 들어서 건넨 말이었다. 아이들이 "아, 쌤. 저희 원래 국어 수업 엄청 열심히 들어요."라며 돌아온 대답이 과장된 말인 줄을 알면서도 기분은 그저 좋았다. 비록 중학교 1학년 아이들이었지만, 이렇게나 맑고 진솔한 아이들이 연극 공연에서 어떤 기운을 뿜어낼지 정말 기대가 되었다.

③ 드디어, 공연하기

그리고 여섯 번째 시간에 드디어 연극 공연을 올렸다. 연극 공연을 올리던 여섯 번째 시간에 아이들의 노력과 열정의 결과가 어떨지 기대됐다. 조명 시설도 음향 시설도 온전치 못한 교실에서 블라인드를 내리고 교실 형광등을 껐다 켰다 하고 컴퓨터 스피커 볼륨을 높였다 낮췄다 하면서 연극을 하는 아이들은 참으로 예뻤다.

연극을 보는 관객들은 연극이 연극임을 잊고 몰입하는 것이 보통이다. 그런데 나는 관객의 입장에서 날것 그대로 분주하게 움직이는 연출자와 배우들과 스태프들을 지켜보아야만 했다. 그렇게 아이들이 연극을 하고 있다는 것을 빤히 지켜보면서 또 미안함을 느꼈다. 그리고 고마웠다. 저리 열심히 할 필요까지는 없는데 뭘 저렇게까지 하나 싶었다. 열두 명의 아이들이 연극 공연을 하는 동안, 남은 열두 명의 아이들은 열악한 환경 속에서도 숨죽이고 연극 공연을 관람했다. 그리고 재밌는 장면에서는 함께 웃음을 터뜨리고, 이외의 모습을 보여 주는 배우에게는 탄성을 터뜨렸다.

아이들의 연극 공연이 그 정도로 뛰어났느냐고 물어본다면, 아니라고 대답하겠다. 돈 주고는 안 볼 연극이었다. 다섯 시간 준비해 올린 연극 공연이 뛰어나 봐야 얼마나 뛰어나겠나. 형편없다고 말할 순 없지만, 분명 뛰어난 공연도 아니었다. 다만, 아이들이 연극 공연을 올리기 위해 쏟아부은 시간들과 공연을 올리기 위해 서툰 몸짓으로 분주하게 움직이던 그 시간들은 그 어느 때보다 아름다웠다. 돈 주고도 못 살 시간들이었다.

나는 가끔씩 국어 시간에 멍한 눈빛이 되는 아이들의 모습을 기억한다. 글을 쓰는 것이 어려워 종이를 구기거나 울먹이는 아이들의 모습도, 필기하다가 팔을 흔들며 한숨을 푹 내쉬는 아이들의 모습도, 갑작스러운 질문에 내 눈을 피하던 아이들의 모습도, 졸린 눈으로 한 시간 끝끝내 버티며 수업을 따라오는 아이들의 모습도, 모두 기억한다. 놀이 수업을 하면 간혹 시끄럽게 돌변하기도 하지만, 아이들은 늘 내가 이끄는 대로만 따라왔던 것 같다. 그런데 이번에는 아니었다. 나는 정말 거의 아무것도 하지 않았고, 아이들이 저들끼리 다 해 먹었다. 그러면서 자기들끼리 가르치고 배웠다. 그 시간들이 내게는 아름답지 않을 수 없었고 소중하지 않을 수 없었다.

공연을 모두 마치고 아이들은 너무나 아쉬워했다. 선생님이 시간을 더 줬더라면 더 잘 할 수 있었는데, 시간을 왜 더 주지 않았느냐는 볼멘소리가 많았다. 그런데 나는 기분이 좋았다. 왜 희곡 수업할 시간을 더 안 주냐는 것처럼 들렸기 때문이다. 나는 교사로서 아직 많이 모자라고 부족하지만, '갈등을 연극으로 표현하기'를 한 이 시간들이 나에게는 하나의 지표가 되었다.

교사는 물러나고 아이들이 스스로 부딪히며 배우는 수업이었다는 점에서, 더 많은 시도들을 해야겠다는 생각도 하게 된 시간들이었다. 아이들이 졸업하기 전에 꼭 이런 이야기를 건네야겠다. 너희는 정말 근사한 연극 공연을 했고, 선생님은 너희들의 진짜 멋진 연극 공연을 봐서 행복했다고.

팟캐스트와 함께 하는 국어 수업
- 교사의 경험을 살려 팟캐스트 수업 도전하기

2021년 무더웠던 여름, 팟캐스트 제작을 위해 우리 연구회 선생님들과 카페에 모였던 날을 떠올려 본다. 학생들과 수업할 때처럼 모둠을 나눴고, 각각의 모둠에서 읽을 책을 선정하였다. 에리히 프롬의 『사랑의 기술』을 읽기로 한 모둠도 있었고, 알랭드 보통의 『왜 나는 너를 사랑하는가』를 선정한 모둠도 있었다. 그리고 우리 모둠은 이꽃님 작가의 『행운이 너에게 다가오는 중』이라는 청소년 소설을 택했다. 사실 책을 읽고 감상을 나누는 것 정도는 국어 교사에 게 너무나 익숙한 일이지만, 한 권의 책을 읽고 나의 생각을 정리하여 글로 작성한 후 공유하는 것은 한 단계 더 나아간, 참 쑥스러운 일이면서도 그만큼 우리를 성장하게 하는 작업인 것 같다. 그런데 이번에는 또 한 단계 나아가 보기로 했다. 우리가 읽은 책에 대한 감상평을 팟캐스트로 제작해 보자는 것이다.

팟캐스트 제작을 최종 목표로 두었기에 책을 더 꼼꼼하게 읽었고, 자연스럽게 저자에 대한 관심이 생기면서 이꽃님 작가의 다른 책도 찾아 읽어 보게 되었다. 또한 소설 속 인물들의 감정을 좀 더 깊이 들여다보려고 노력했다. 책을 읽은 후 평소 모임 때처럼 감상문을 썼고, 모둠 선생님들과 함께 책에 대한 이야기를 했다. 그렇게 공유한 내용을 바탕으로 팟캐스트 제작을 위한 대본을 작성해 보았다. 팟캐스트 앱에서 정여울의 '미드나잇 북클럽'과 이동진의 '빨간 책방'을 기웃거리며 그들처럼 편안하면서 지적인 방송을 할 수 있으면 좋겠다는 생각을 했다.

하지만 우리는 아마추어가 아닌가. 학생들도 처음이고 낯설 테니 우리도 그 낯섦을 그냥 받아들이고 즐겁게 경험해 보자고 생각했다. 교실에서 학생들에게 책을 읽어 줄 때는 긴장되지 않았는데 녹음을 한다고 생각하며 이야기를 시작하니 살짝 떨리기까지 했다. 진행자 선생님이 우선 줄거리를 정리해 주었고 모둠원 세 명이 각자의 소감을 이야기했다. 그리고 가장 기억에 남는 구절과 그 이유에 대해서 이야기했으며, 이 책을 추천하고 싶은 이유와 자유로운 감상평을 수다로 풀어 보았다. 최대한 편안하게 책 수다 시간을 갖는 것으로 방향성을 잡았기에 처음의 떨림은 잠시였고, 이내 감탄사도 중간에 연발하는 등 마지막엔 화기애애하게 웃는 소리도 아무렇지 않게 내면서 마무리를 할 수 있었다.

이젠 녹음된 파일을 들어 볼 차례다. 내 목소리를 내 귀로 듣는 그 오글거림과 생경함을 이겨 내야 했지만 색다르고 재밌는 경험이었다. 그리고 무엇보다 우리가 읽었던 소설은 이날의 훈훈한 기억과 함께 두고두고 특별한 책으로 남을 것이다. 연구회의 몇몇 선생님들은 이날의 경험을 바탕으로 전국국어교사모임에서 주최하는 팟캐스트 방송에도 참여하였으며, 수업 활동에 대한 관심의 폭을 점차 넓혀 갈 수 있었다. 우리는 무얼 하든 학교 수업에 활용할 수 있는 방법을 고민하는 교사이기에 이제 오늘의 경험을 바탕으로 학생들이 좀 더 다양한 수업 활동의 기회를 가질 수 있도록 해야 하는, 진정한 과제가 남아 있다. 내가 그랬듯, 학생들에게도 그날 읽은 책이, 그날 낭송한 시가, 그날 함께한 수업이 조금은 더 인상적으로 간직되길 바라는 마음이다.

국어 수업을 시작하겠습니다

팟캐스트를 교실 수업 속으로 가져오기

① 팟캐스트 소개하기 - 얘들아, 팟캐스트라고 들어 봤니?

"얘들아, 우리 이번에 시 수업이 끝나면 팟캐스트 제작하기 활동을 할 거야."라고 하면, 아이들의 어리둥절해할 표정 정도는 충분히 짐작하고 있었다. 선생님도 그랬으니, 너희도 그렇겠지. 맨날 쓰고 그리는 활동이었는데 시를 배우고 나서 갑자기 뭘 녹음한다니, 팟캐스트가 당최 뭐란 말이냐, 하는 반응. 그리고 수행평가 포트폴리오 점수에 들어간다고 하니 여기저기서 들리는 한숨 소리. 생각보다 조금은 더 강도 높은 반응이긴 했으나 나는 굴하지 않았다. 왜냐하면 내가 해 봤으니, 약간은 확신에 찬 자신감이 있었다고나 할까. 생각보다는 어려울 것이 없고, 스마트한 세상에 태어나 스마트폰과 한 몸이 되어 사는 너희들이니 지금은 낯설겠지만 나보다 더 금방 익숙해지고 더 잘할 거야, 라는 생각이 있었기 때문이다.

사실 나도 팟빵이나 네이버 오디오 클립에서 팟캐스트를 들어 본 적은 있지만 연구회 선생님들과 팟캐스트 제작을 해 보기 전에는 국어 수업과 팟캐스트를 연결할 생각은 하지 못했던 것 같다. 나의 수업 속으로 우리의 경험을 끌어오기 위해서는 아이들에게 수업 활동 제시를 하기 전에 팟캐스트가 학생들에게 진짜 도움이 되는 활동인지 다시금 생각할 필요가 있었다. 그래서 지금까지 내가 했던 국어 수업을 떠올려 보았다.

시 암송하기를 시키면 아이들은 처음엔 고통의 절규를 외치지만, 막상 같은 시를 수십 번 읊은 후 온전히 외우고 나면 그 시에 대한 애정이 한층 높아지는 걸 경험하게 된다. 그리고 그 시는 이전에 그냥 교과서에서 배웠던 '잊히는 시'가 더 이상 아닌 것이다. 책을 보지 않고도 읊게 된 시를 다 함께 눈을 감고 소리 내어 읽으면 시가 주는 낯선 감동과 함께 뿌듯함까지 느끼게 된다. 시낭송 수행평가를 할 때 녹음 파일을 제출하게 했는데 예상 밖의 뭉클한 소감이 있어서 놀란 기억이 있다. 빗소리를 배경으로 윤동주의 「쉽게 씌어진 시」를 낭송한 학생의 녹음 파일을 듣고 그 학생이 새롭게 보였다. 학급에서 가장 체격이 좋은 장난꾸러기 남학생이었는데 방에 슬그머니 들어가 문을 잠그고 한참을 조용히 녹음하고 있으니, 아들이 뭘 하는지 너무 궁금하셨던 엄마가 몰래 그걸 엿들으셨던 것 같다. 자신은 나중에 눈치를 챘다며, 너무너무 창피했다는 소감을 얘기하는데 그 모습이 참 귀여웠다. 그 어머니는 빗소리가 조용히 깔리는 배경음악에 윤동주의 시를 수십 번씩 읊고 있는 사춘기 아들의 모습이 참 신기하고 기특하지 않았을까.

우리는 수업 시간에 문학 작품을 가르치고 밑줄을 긋게 하고 시험에 나올 중요한 것들을 정리해 주는 수업을 여전히 일부분 하고 있다. 그런데 결국 마음속에 남는 것은 교사가 정리해 준 개념이 아니라 문학 작품을 읽고 나서 자기 생각을 정리하거나 더 깊이 있게 그 작품을 가슴에 새기기 위해 활동을 하는 중에 생기는 듯하

　　　　　국어 수업을 시작하겠습니다

다. 그리고 텍스트를 눈으로만이 아닌 나의 목소리로 직접 읽어 보는 것은 우리의 감각에 훨씬 더 깊게, 오래도록 남는 것 같다. 가끔 자신의 목소리가 이렇게 좋았나, 친구의 목소리가 이렇게 멋있었나, 이 친구는 성우를 해도 되겠다, 뜻밖에도 학급의 꿀보이스를 찾게 되는 일이 종종 있어서 더 흥미로운 활동으로 기억되곤 한다.

그럼에도 단순한 녹음을 넘어서 팟캐스트를 제작한다는 것은 낯설고도 떨리는 경험이었다. 솔직히 '책 읽기'라고 하면 종이 텍스트를 한 장 한 장 넘겨야 제맛이라고 생각했었다. 그런데 어느 날부터인가 도서관이나 서점에 가지 않고도 전자도서관에서 책을 빌릴 수 있는가 하면, 심지어 내 북리더기로 텍스트가 들어와 있는 걸 보고 얼마나 신기했는지 모른다. 이제는 다양한 앱을 통해 책을 읽어 주는 팟캐스트가 있고, 독자는 편안하게 듣기만 해도 된다. 길을 걸으면서, 운동을 하면서도 책을 읽을 수 있는 세상에 우리는 살고 있는 것이다. 이런 세상이니 교실에서도 그에 맞는 다양한 시도를 해 봐야 하지 않겠는가.

내가 직접 경험해 보니 아이들에게 조금은 색다르지만 특별한 활동이 될 수도 있다는 확신을 갖게 됐다. 그리고 팟캐스트를 제작하는 일은 영상을 촬영하는 것보다 얼마나 간편한 일인가. 그래서 좀 더 여유롭게 웃으며 수업 안내를 할 수 있었다. 아마 자신의 목소리로 팟캐스트를 제작했던 작품은 그냥 스쳐 지나가는 교과서 작품이 아닌, 특별한 나의 글로 남을 것이다.

② 활동 작품 정하기 - 시집 속에 빠져들기

처음엔 긴 글이 아닌 시집 읽기로 시작했다. 사실 모든 수업을 팟캐스트로 제작하려면 시간이 많이 소요된다. 그리고 학교에서는 시험이라는 일정이 있으니 선택을 해야 했다. 2학년은 시험 일정이 겹치다 보니 1단원 시 작품을 공부한 후의 활동으로 시 팟캐스트 제작을 하기로 했다. 그러려면 시를 읽어야 하는데 교과서에서 배운 시에 대한 감상평을 쓰는 것보다는 자신의 마음을 움직이는 시를 직접 찾아보게 하고 싶었고, 사연을 소개하듯이 팟캐스트를 진행하게 하면 학생들이 더 흥미로워할 것이라는 생각이 들었다.

그래서 '친구에게 건네는 따뜻한 시 처방전' 활동과 '나의 인생시 찾기' 활동을 해 보기로 했다. '시 처방전 쓰기' 활동은 전국국어교사 홈페이지의 자료와 우리 연구회 선생님이 소개해 주신 시 수업 방식을 참고한 것으로 친구의 사연을 읽고 그 친구를 위로하거나 친구에게 힘을 줄 수 있는 시를 처방해 주는 활동이다. 그리고 인생시는 어떤 이유에서든 나의 마음을 움직이게 만드는, '이 시가 내 인생시야.'라고 친구에게 소개하고 싶은 작품을 찾아보라고 했다. 어느 날, 어느 순간 갑자기 어떤 시가 나의 마음을 파고들기도 하지만 그건 어쨌든 시를 읽었을 때의 이야기이다. 아이들에게는 목적을 주는 것이 확실히 동기부여가 되는 것 같다. 나와 함께 있는 교실 속 친구들의 고민이라고 생각하면, 나의 베스트 시를 찾으라고 하면, 훨씬 더 전투적으로 책을 들여다보지 않겠는가.

현재 고민되거나 힘든 부분, 위로받고 싶은 일 등이 담긴 사연은 구글 설문 폼을 활용하여 익명으로 쓰게 했다. 익명으로 써야 좀 더 편하고 솔직하게 자신의 이야기를 쓸 수 있을 것 같았고, 익명이 더라도 종이에 직접 쓰게 하면 같은 반 친구끼리는 필체를 금방 알아볼 수 있을 것 같아서 선택한 방법이었다. 그리고 혹시 비속한 표현이나 거북한 말이 있을 수 있기 때문에 확인이 필요하며 누가 쓴 사연인지는 선생님만 알고 있겠다고 안심시킨 후 사연을 받았다. 사연을 취합한 뒤 그 내용을 출력하였고, 아이들이 랜덤으로 뽑게 했다. 별것 아니지만 친구의 고민을 뽑을 때 떨려 하는 모습이나 사연을 읽고 나서 난감해하기도 하고 키득거리며 웃기도 하는 모든 것이 국어 수업을 좀 더 즐겁게 만드는 요소가 아닐까 싶다.

그리고 의외로 친구들의 고민은 때론 진지하고, 너무 솔직해서 귀엽기도 했다. 학업에 대한 스트레스, 진로에 대한 고민, 키가 자라지 않는 것에 대한 걱정, 부모님과의 갈등 등 처음엔 이런 고민에 어떻게 답하냐며 한숨짓거나 투덜거리던 친구들도 이내 친구를 위해 어떤 시를 처방해 주면 좋을지 진지한 모드로 바뀌는 모습을 보면서 이 과정이 아이들에게는 내가 백번 얘기하는 수업보다 훨씬 얻어 가는 게 많은 시간이지 않을까 하는 생각이 들었다.

친구의 사연을 뽑은 후 이제 시집 읽기를 시작했다. 학교 도서관에 구입해 놓았던 시집을 몽땅 빌려 책 수레에 실어서 교실로 가지고 왔고 두 시간 동안 자유롭게 모둠별로 시집을 쌓아 놓고 돌려서 읽은 후 거기에서도 자신이 원하는 시를 못 찾으면 다른 모둠의 시집도 바꿔 가며 자유롭게 읽도록 했다. 사실 이 활동을 하는 날 시간표를 바꿔서 두 시간 연속 국어 수업으로 진행했는데, 교과서의 시만 접하던 아이들은 의외로 쉽고, 짧고, 재밌는 시가 많다는 사실에도 놀라는 것 같았다.

유치환의 「깃발」이라는 시를 읽고 나서 소리 없이 아우성치는 깃발이 자신의 모습과 닮아서 너무 좋았다는 이야기를 전하는 학생을 만난 적이 있다. 수업 시간에 시를 읽는 동안 이런 감정을 느낀 학생이 있다는 것에 내가 오히려 감동한 순간이었다. 나의 인생시와 친구의 마음을 따뜻하게 위로해 줄 시를 찾는 과정에서 시가 우리의 마음을 움직일 수 있다는 것을 학생들 스스로 체득할 수 있기를 바라는 마음이다.

③ 작품 소개하기 – 저의 인생시를 소개합니다. 친구에게 시로 말을 건넵니다

시집을 읽으며 인생시 찾기 활동지와 시 처방전 쓰기 활동지를 작성한 후 세 번째 시간에는 팟캐스트 제작을 위한 본격적인 모둠 활동을 시작했다. 중학생들에게 자리 정하기나 모둠 정하기는 마치 자신의 사활이 걸린 것처럼 어마어마한 일이다. 간혹 그 과정에서 상처를 받는 학생들도 생기기 때문에 이 과정이 나에겐 사실 고민스러운 부분이었다. 나도 팟캐스트 방송 녹음을 할 때 1년에 몇 차

레씩 몇 년째 보는 선생님들임에도 불구하고 긴장을 하지 않았던 가. 그리고 내 목소리를 내가 들을 때의 오글거림과 쥐구멍에라도 숨고 싶은 마음을 느껴 보지 않았던가. 그래서 처음 하는 팟캐스트 녹음은 1인부터 6인까지 다양하게 정해도 되는 선택권을 주기로 했다. 그리고 혼자 하는 팟캐스트 방송에 대한 매력을 설명하면서 혼자 하는 것도 꽤 괜찮은 선택임을 강조했다. 사실 여러 명이 모둠을 함께 했을 때 불편해할 친구들이 학급마다 눈에 보였기 때문이다. 그렇다고 친한 친구들끼리 하라고 하면 소외되는 친구들이 분명 있을 텐데, 수업을 하면서까지 상처받고 눈물 흘리게 할 필요는 없지 않겠는가 싶었다.

모둠이 결정된 후 팟캐스트 방송을 위한 대본을 작성하게 했다. 팟캐스트 대본을 작성하기 전에 우리 연구회 모둠 선생님들이랑 녹음했던 팟캐스트 방송 파일과 전국국어교사모임의 선생님들이 제작한 '세 가지 열쇠말로 여는 문학 이야기' 방송을 찾아 학생들한테 샘플로 들려주었더니, 자신이 평소 듣던 선생님의 목소리이기도 하고 선생님들이 이런 걸 했다는 것에 신기해하기도 하며 좀 더 흥미를 갖는 모습이었다. 전문 방송인들의 팟캐스트 방송을 샘플로 들려주지 않은 이유는 학생들에게 팟캐스트가 어렵거나 거창한 것이 아니라는 점을 알려주고 싶었기 때문이다. 그리고 충분히 너희들도 잘할 수 있다는 자신감을 심어 주고 싶기도 했다.

대본 작성이 끝난 후 네 번째 시간에는 드디어 1명부터 최대 6명까지 모둠별로 팟캐스트 녹음을 시작하였다. 녹음은 음성 파일을 문자로 변환시켜 주면서 바로 녹음까지 할 수 있는 클로바노트 앱을 활용하였다. 하필이면 녹음하기로 한 날 비가 오는 바람에 한 반은 도서관에서 공간을 나누어 녹음을 진행하였다. 또 다른 반은 다행히 복도 맨 끝 교실이라 구조의 유리함을 활용하여 특별실, 복도, 계단 등을 활용하여 녹음을 진행하였다. 교실에서 책 읽기를 시키면 목소리가 들리지 않아 답답할 때도 많은데 휴대폰에 녹음하는 것이라 그런지 오히려 아이들이 더 쉽게 접근하고 마치 자신이 방송 진행자가 된 것처럼 새로운 끼를 발산하기도 했다. 웃으며 활기차게 하는 표정을 보니 내가 하는 강의식 수업보다는 훨씬 재밌어하는 느낌이었다.

팟캐스트 제목도 '얼렁뚱땅 라디오', '너에게 시를 처방할게', '길을 묻는 푸른 바람' 등 개성 있게 정하는가 하면 오프닝 멘트, 클로징 멘트를 창작하기 위해 머리를 맞대며 고심하기도 해서 그 모습에 흐뭇해졌다. 방송 분량에 제한을 두지 않았더니 한 모둠은 30분 넘게 걸리는 팟캐스트 결과물을 제출하기도 했다. 이 정도면 그날 같이 얘기했던 시와 그 시간은 쉽게 잊히지 않을 좋은 추억이 되지 않을까 기대해 보며, 한 친구의 1인 팟캐스트 대본을 소개해 본다.

국어 수업을 시작하겠습니다

팟캐스트 제목	다가올 봄을 위하여		
모둠원	진○하	진행자	진○하

오프닝 멘트	풀벌레 우는 소리, 매미 울던 소리 들려오던 우리의 여름날. 하지만 어느새 푸르렀던 나뭇잎 깨끗이 적셔진 붉은 기운에 가을의 문이 열리고 있음을 실감하는 9월의 오늘입니다. 안녕하세요. 팟캐스트 진행자 진○하입니다. 2024년도 어느덧 9월이 되었습니다. 벌써 9월이라는 게 놀랍기도 하고, 이제 곧 정말 중학교 3학년이 되는구나 하고 실감하게 되곤 합니다. 지금 우리는 많은 고민에 빠져 있습니다. 나의 꿈은 무엇인가 내가 진정하고 싶은 것은 무엇인가 하고요. 이런 것이 정해진다 하여도 사연자님 같은 이런 고민이 심화되기도 합니다.
친구의 사연과 내가 소개해 주고 싶은 시/ 나의 인생시 소개하기	다음은 사연자님의 사연입니다. '제가 하고 싶은 일을 하려면 많은 능력을 필요로 하지만 그 능력을 따라가지 못해서 고민입니다.'라고 보내 주셨는데요. 저도 사연자님 같은 이런 고민을 하곤 합니다. '내가 정말 이 일을 할 수 있을까?', '나는 이 일을 하고 싶은데 왜 이렇게 부족한 사람일까?' 하고요. 사연자님을 위해 시를 찾으면서 제게도 위로가 된 시가 있어서 소개해 드릴까 합니다. 이 시인 분은 여러분도 아실 수 있다 생각됩니다. 첫 번째로 소개해 드릴 시는 나태주 님의 「가을 여행」이라는 시입니다. "가을 여행. 나태주. 멀리멀리 갔지 뭐냐/ 그곳에서 꽃을/여러 송이나 만났지 뭐냐/맑은 샘물도 보았지 뭐냐//그렇다면 말이다/혼자서 먼 길을 외롭게/ 힘들게 찾아간 것도 그다지/나쁜 일은 아니지 않느냐." 저는 이 시의 두 번째 연이 가슴에 남습니다. 홀로 먼 길을 찾아갔어도, 외롭게 힘들게 찾아가더라도 꽃과 샘물 같은 아름다운 것을 보았다는 것이니까요. 사연자님께서 얘기한 일이 어떤 일인지, 어떤 능력이 필요한지 저는 모르지만, 그 일을 하기 위해서 길을 걷던 중 사연자님께도 다양한 능력 향상이 있을 수 있지 않을까요, 꽃과 샘물을 보는 일이 생기지 않을까요. 더불어 그 일에 한 발짝 더 다가갔으면 하는 마음으로 이 시를 소개해 보았습니다. 이번에는 저의 인생시를 소개해 볼까 합니다. 지금의 제 상황과 생각을 많이 대변함과 동시에 제게 동기를 주었던 시이기도 합니다. 지금 바로 정평섭 님의 「그 햇빛이 안쓰러워서라도」라는 시를 소개하겠습니다. "그 햇빛이 안쓰러워서라도. 정평섭. 꺾어질 꽃/ 한 번 피워 보겠다고/ 떨어질 열매/ 한 번 맺어 보겠다고/ 말도 안 되는 거리를/ 달려온 햇빛이 있다./ 걔 중엔 참 운도 없어/ 내게 떨어진 햇빛도 있다.// 그 햇빛이 안쓰러워서라도/ 오늘은 뭘 좀 해야겠다." 이 시를 읽고 현재의 제 상황이 이 시에 겹쳐 보였습니다. 동시에 이 시의 마지막 부분에서 저 자신을 되돌아보기도 했습니다. 이 햇빛이 이토록 열심히 내게 달려와 줬으니 나도 그 햇빛만큼 오늘을 열심히 살아 봐야겠다는 생각을 했다는 것으로 제 인생시 소개를 마치겠습니다.
클로징 멘트	가을의 문턱과 중2인 우리는 비슷한 점이 많은 것 같습니다. 흩날리는 낙엽처럼 어디로 갈지 몰라 바람에 잠시 휩쓸릴지라도 겨울이 지나고 봄이 와 꽃망울이 맺히는 것처럼 여러분도 언젠가 자신만의 꽃봉오리를 만개시키길 기원합니다. 지금까지 진행자 진○하였습니다.

④ 감상하기, 공감하기 - 친구의 목소리가 주는 시의 울림을 함께 느끼다

팟캐스트 제작을 마친 후 개인 활동지, 모둠 활동지를 제출하게 했다. 그리고 수행평가 포트폴리오 항목에 반영하기로 하였다. 포트폴리오 영역의 평가는 수행 결과물의 질보다는 활동의 모든 과정에 대한 평가로 한 학기 동안 총 스무 개의 도장을 찍어 주고 있다. 팟캐스트 활동지, 녹음 파일 등도 도장 개수로 반영하여 점수화하기로 하였다. 누구든 성실하게 참여하면 도장을 받을 수 있기에 안 할 수는 없으되 부담을 좀 덜 가질 수 있는 방법이었다.

시 팟캐스트 결과물은 패들렛에 게시하여 공유하기로 했다. 자신이 녹음한 것을 친구들에게 다 들려주냐는 질문이 많았고 거기에 대한 부담을 학생들이 많이 가지고 있었기에 내심 걱정스런 마음도 있었지만, 막상 패들렛에 올려놓은 파일을 들려주었을 때는 다른 친구들의 방송을 좀 더 듣고 싶어하는 분위기가 컸던 것 같

다. 선생님들과 팟캐스트 녹음을 했을 때 내가 그랬듯 자신의 목소리가 나올 때의 오글거림, 그 한고비만 넘기면 된다. 사실 음성만 들으면 아이들이 집중을 잘 못하고 지루해했을 것이다. 그런데 녹음할 때 클로바노트 앱을 활용하여 음성 기록을 텍스트로 변환한 것이 신의 한 수였다. 텍스트로 변환한 한글 파일도 함께 올렸더니 음성과 함께 화면 아래 자막이 나와서 학생들이 좀 더 집중하며 들을 수 있었기 때문이다.

이렇게 팟캐스트 프로젝트 수업이 끝을 향해 가고 있었다. 친구가 처방해 준 시를 수업 시간에 일부만 들었는데 전문이 너무 궁금하다며 개인적으로 부탁해 오는 친구도 있었다. 시를 통해 서로 소통하고 친구의 목소리로 위로받는 경험을 한 학생이 한 명이라도 있다면 더 바랄 것이 없다. 다음엔 편지 배달에 대해서도, 일부만이 아닌 방송 전체를 공유하는 방법에 대해서도 고민해 봐야겠다.

활동을 정리하면서 소감 또한 패들렛으로 공유했다. 물론 강의식 수업보다는 덜 지루하기에 나온 긍정적인 반응일 수도 있겠으나, 몇몇 친구들에게는 '시낭송 자체가 큰 울림을 줬구나.'라는 생각이 들어 뿌듯하기도 했다. 학생들이 쓴 소감의 일부를 옮겨 본다.

○ 친구의 고민을 들어 본 후 그 고민에 대한 해결책을 제시해 주고 직접 녹음을 하니까 또 새로운 경험을 해서 좋았고 다른 친구들의 생각을 알 수 있어서 신기했다. 처음으로 녹음을 해 봐서 재밌기도 했고 많이 어색하기도 했는데 그래도 막상 녹음을 마치니 뿌듯했다.

○ 친구의 고민에 맞는 시를 고르면서 엄청 고민했는데 사연과 딱 알맞은 시를 찾아서 뿌듯했다. 다른 친구들이 고른 인생시나 처방을 해 주는 시도 들어 봤을 때 친구들이 다 잘 찾은 거 같아서 신기했다. 처음으로 라디오 형식으로 녹음을 해서 새로운 경험을 얻은 것 같다.

○ 친구들마다 다른 분위기의 팟캐스트가 새롭고 신기했다. 어떤 친구는 차분하게, 또 다른 친구는 자신의 이야기를 잘 풀어내서 그런 점이 신기했다. >< 특히 친구의 인생시 소개를 들으며 예상치 못한 친구의 생각이나 고민을 알 수 있었고 팟캐스트를 들

국어 수업을 시작하겠습니다

으며 깊이 생각할 수 있었다. ;) 웃기기도 하고 힐링도 되고 재밌었던 친구들의 팟캐스트였다! 평소 대화로는 잘 몰랐던 친구들의 다양한 모습들을 만나 볼 수 있어서 색다르고 재밌었다!! 앞으로 이런 기회가 많아졌으면 좋겠습니다. :)

○ 처음에는 사연에 맞는 시와 해결 방안을 제시하느라 힘들었고 녹음을 하면서 너무 긴장해서 약간 부자연스럽게 녹음해서 많이 아쉽고 부끄러웠지만 같은 반 애들이 고른 다양한 시들을 듣는 것도 재밌었고 학습지를 작성하면서 여러 가지 시를 읽을 수 있어서 좋았다. 그리고 다양한 친구들의 사연들을 듣는 것도 너무 흥미로웠고 그중에서 나랑 비슷한 고민을 가지고 있는 친구의 사연도 있어서 너무 신기했다.

○ 팟캐스트를 준비하기 위해 아침 일찍 모여서 친구들이랑 녹음한 게 기억에 남는다! 피곤하고 힘들었지만 재밌었다! 처음 녹음을 했을 때에는 어떻게 해야 할지 몰라서 우왕좌왕했지만 마지막에 완성된 녹음을 들으니까 뿌듯하고 진짜 라디오 같아서 새로웠다. 친구들은 어떻게 했을까 궁금했는데 들어 보니 맨날 듣는 친구들 목소리지만 팟캐스트 녹음으로 들어 보니까 기분 탓인지 어색했다.ㅋㅋㅋ 개인적으로 가장 기억에 남는 친구는 00이다. 사연자의 고민을 대하는 태도와 말투, 어울리는 시를 가

장 잘 추천한 거같다. 내 고민은 아니지만 나마저 위로받는 기분이 들었다. 말할 때에도 대사를 그대로 읽는 느낌이 아니라 정말 라디오 진행자처럼 자연스러워서 몰입이 더욱 잘됐다! 인생시를 추천하고 왜 인생시인지 이유를 말할 때 춤을 평생 출 거라는 다짐이 멋있고 감명 깊었다. 나중에 정말 따로 듣고 싶을 정도로 마음이 따뜻해지고 위로받는 기분이 들었다. 나중에 기회가 된다면 또 하고 싶을 만큼 재밌고 특별한 활동이었다!!

○ 나의 사연에 대해 알맞은 시를 추천받아 잘 읽어 보았고 실제 그 시의 뜻대로 내 사연에 잘 반영하는 중이다. 이번 활동으로 시에 대해 자세히 알 수 있었으며 다른 친구들이 녹음한 팟캐스트를 들으니 매우 잘하였으며 재미있었다. 다음 기회에도 다시 한 번 할 수 있으면 좋을 거 같다. 이번 기회로 나의 인생시를 정하며 내가 의지할 수 있는 시나 글을 찾아보고 나중에 힘들 때 의지가 될 수 있기에 꽤 좋았던 거 같다. 다양한 아이들의 목소리를 듣고 '저 친구가 저런 목소리도 낼 수 있구나.'라는 생각도 들고, '저런 성격을 가진 친구였구나.'라는 생각도 들었다. 특히 00이 만든 팟캐스트는 실제 팟캐스트인 것처럼 잘 만들었으며 노래 선정도 잘하였고 자신의 경험도 말하며 시를 선정하는 것이 매우 인상 깊었다. 또한 자신의 인생시를 선정한 이유 및 기준이 매우 명확하며 자신의 이야기를 들려주며 독자에게 설명하는 점이 매우

국어 수업을 시작하겠습니다

좋았다.

○ 처음엔 이게 뭐지, 어떻게 해야 하지 생각이 많았는데 막상 해
보니 재미있고 신기했습니다. 평소에 시나 시 구절을 자주 읽는데
제가 좋아하는, 감명 깊었던 시들을 공유하고 위로해 주는 게 뭔
가 뿌듯했습니다!!

⑤ 팟캐스트 수업 돌아보기

이번 팟캐스트 수업은 어쩌면 매끄럽고 원활한 수업은 아니었던
것 같다. 수업하는 동안 부족한 것들이 계속 생각나서 내년에 다시
하면 이렇게 해야지, 하는 생각을 계속하게 됐다. 시 팟캐스트 수업
은 시 단원이 끝난 후 해마다 하고 싶다는 생각이 든다. 막연히 나
의 인생시를 소개하는 것뿐만 아니라 자신의 고민을 익명으로 적
어 낸 후 친구를 위한 따뜻한 시 처방전을 쓰고 팟캐스트로 제작
하는 것도 꾸준히 하고 싶다. 시집에서 다양한 시를 찾아 읽는 시
간이 학생들에게 의외로 좋은 시간이었다는 느낌을 받았기 때문이
다. 시 공부를 일부러 해 본 적이 없는 학생들인데도 친구의 감정
과 상황에 공감하여 그에 걸맞은 시를 고르는 안목이 대단하다고
생각했다. 학생들 덕분에 나도 감동적인 시, 재밌는 시를 많이 알게
된 것도 좋았고, 몇몇 친구들의 분위기 있는 음성과 방송 멘트들은
깊은 여운을 주기도 했다. 팟캐스트 제작 시간을 주었는데도 결과

물이 좀 아쉬웠는지, 아침에 일찍 다시 모여 30분 넘게 시 소개 및 질문을 서로 주고받으며 녹음한 모둠이 있었다. 「서시」의 '오늘 밤에도 별이 바람에 스치운다'라는 마지막 구절에 대한 해석을 마치 임용고시 스터디하듯 이야기하는 과정이 흥미로웠고, 여러 시각에서 타당성 있는 해석을 찾아 나가는 모습이 그려져 기특한 생각이 들었다. 아마 윤동주의 「서시」를 내가 수업했더라면 이 학생들은 오늘의 이런 값진 경험을 하지 못했을 것이라고 나는 확신한다.

2학년은 시험 때문에 시 팟캐스트만 진행했고, 1학년은 주제 선택 시간에 소설 팟캐스트도 진행해 보았다. 하지만 소설 팟캐스트 수업은 방법을 잘못 선택했다는 생각이 든다. 학생들에게 교과서 밖 다양한 소설을 읽게 하고 싶은 욕심이 앞섰다. 소설의 재미를 느끼게 해 주고 싶었지만 책 읽는 것 자체를 힘들어하는 친구들이 너무 많아서 고민이 되었다. 모두가 다 읽고 이야기했으면 좋겠다는 생각으로 『소설의 첫 만남』 시리즈 중 선택을 했는데 한 시간 분량의 책조차 읽는 걸 힘들어하는 친구가 많아서 수업 진행이 힘들었다. 애초에 교과서에서 소설 단원 진도를 나간 뒤 팟캐스트를 제작하는 걸로 계획했다면 수업이 훨씬 매끄러웠을 것 같다. 책 읽기가 제대로 안 됐으니 책을 읽은 후 활동지를 작성하고 이야기를 나누는 단계로 나아가는 과정이 다 삐그덕거릴 수밖에 없었다. 자신이 재밌게 읽은 책에 대해 함께 이야기하며 공유하는 값진 경험을 하게 해 주고 싶었는데 그 자체가 참 어려웠다. 영상 매체에 익숙한

국어 수업을 시작하겠습니다

아이들에게 '책 읽기'가 즐거움이 아니라 고통이라는 생각을 하니 국어 교사로서 나는 앞으로 어떻게 독서 교육을 해야 하나, 난감했다. 이전 시간에 그림책을 읽을 때와는 사뭇 달랐다. 안타깝게도 그림이 있어야 읽을 수 있다고 하는 친구들도 있었다. 이 부분은 계속 숙제로 남아 있다. 결국 독서 교육에 대한 고민의 시작점으로 돌아가서 생각해 봐야 할 것 같고, 소설 팟캐스트 제작을 위해서는 시행착오가 더 필요하겠구나, 싶었다.

내친김에 1학년 면담하기 단원을 수업할 때도 팟캐스트를 제작할 때처럼 클로바노트 앱을 활용하여 녹음하는 것을 활동의 한 꼭지로 넣었다. 자신의 목소리로 녹음하고 저장하는 이 과정이 학습 효과를 충분히 끌어올릴 수 있다고 생각했기 때문이다. 팟캐스트 제작 활동은 어떤 단원에서든 충분히 활용할 수 있는 가치가 있기에 앞으로는 항상 이 활동을 염두에 두고 수업 계획을 세워야겠다고 생각했다.

그리고, 남는 생각들

우리 연구회에서 수업 성공담이 아닌 망한 수업 이야기를 주제로 글쓰기를 한 적이 있다. 너무 쉬운 과제이면서 사실 제일 고민스러운 과제이기도 했다. 망한 수업은 내 교직 기간 내내 현재 진행형이지만 그중 어떤 걸 써야 하나 싶을 정도로 수업 계획과는 다른 변수가 교실에서는 많이 일어나기 때문이다. 나는 정말 멋진 수업을 계획했었는데 수업 목표를 실현하기에는 학생들의 수준이 참 역부족이라는 핑계라도 대고 싶으나 사실 되돌아보면 학생들의 눈높이를 맞추지 못한 나의 능력과 나의 노력이 부족했다는 자책으로 결론이 난다. 하지만 이렇게 실패를 거듭하다 보면 학생들의 수준과 흥미를 고려하면서 좀 더 주도면밀하게 수업을 계획하려고 노력하게 되지 않을까.

솔직히 팟캐스트 제작을 한다고 연구회 선생님들과 처음 모였을 때는 굉장히 부담스럽고 힘든 과제라고 생각했었다. 학생들도 나와 비슷한 마음이지 않았을까 싶다. 갑자기 국어 시간에 책 읽고 뭘 쓰라고 하는 게 아닌 녹음을 하라고 하니 낯설고 부담스러워하는 게 느껴졌다. 모둠을 짜서 하는 활동을 좋아하는 아이들도 있지만 그렇지 않은 친구들이 더 많기에 교사도 부담되기는 마찬가지였다. 그럼에도 불구하고 팟캐스트 제작 활동을 하고 나면 조금 더 독서에 대한 경험의 폭이 확장될 것 같았다. 그래서 처음엔 시 수업과 접목시켜 보았고, 다음으로 소설 팟캐스트를 진행해 보았다. 1학년 교과서에 있는 면담하기 단원도 팟캐스트처럼 녹음을 시켜 보았다. 인터뷰를 해 보는 것에서 끝나는 것이 아니라 인터뷰 대본을 작성하고 녹음까지 하는 그 하나의 활동이 국어 경험을 좀 더 풍성하게 만든다는 생각이 들었다.

과정이 매끄럽지 못하고, 활동을 시키는 도중에도 수정해야 할 사항이 많이 생기긴 했지만, 나에게도 새로운 시도였고 학생들에게도 강의식 수업보다는 훨씬 재밌는 수업이었던 것 같다. 본 수업과 연계한 활동의 한 꼭지로 팟캐스트 수업을 활용한다면 시간이 크게 소요되지 않으면서도 학생들이 수업 내용을 좀 더 오래 기억할 수 있게 하는 데 많은 도움이 될 것이다. 학생도 교사도 행복한 수업을 만들고 싶다. 팟캐스트 수업을 통해 또 하나의 희망과 가능성을 엿보게 된 것 같아서 흐뭇하다.

6. 프로젝트 수업

'소설 속 역사 이야기' 프로젝트

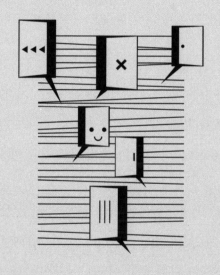

우리들의 고민

4차 산업 혁명이라는 요즘의 시대에 학생들은 시각적이고 즉각적인 정보를 선호한다. 책보다는 영상, 영상도 길이가 긴 것보다는 소위 '쇼츠'라는 60초 이내의 짧은 영상, 심도 있고 의미가 깊은 영상보다는 재기발랄한 흥미 위주 내용에 더 많은 관심을 보인다. 단행본의 책을 읽는 학생이 있다면 아주 잘하고 있다고 특별한 칭찬을 해 주어야 할 정도이다. 이런 상황이다 보니 수업 시간에 길이가 긴 산문 작품을 수업한다는 것이 어렵게 여겨진다. 한 편의 이야기를 읽어 내는 것도 힘들어하는 학생들이 많기 때문이다. 책보다는 짧은 영상에, 즉각적 반응을 일으키는 내용물에 학생들이 익숙해졌기 때문인가 하는 생각을 하게 되는 지점이다.

책을 통해 정보를 얻어 내기 힘들어하는 학생들이 많다 보니, 소설 읽기를 통해 시대적 배경, 그 배경을 통해 주제 파악, 이를 통해 생각해 볼 수 있는 우리 삶의 의미들을 이해하기도 힘이 든다. 일제 강점기의 삶이나, 1970년대의 산업화 문제에 대해 이야기를 해 보려고 해도, 해당 문제를 다룬 소설 자체를 읽어 내기 힘든 경우가 많으니, 이 소설을 잘 이해할 수 있는 다른 역사물, 영상 등을 이용해 보려 한다. 당장의 효과는 있을 수 있지만, 글 읽기를 통한 작품 감상은 자꾸 뒤로 밀리게 된다.

길이가 긴 산문 수업이 어려운 또 하나의 이유는 수업 시수에 따른 진도 확보가 어렵기 때문이다. 교과서 수록 부분은 장편 소설 중의 일부이지만, 이 작품에 대해 진지하게 토론이라도 하려 하면 시수가 부족하다. 그렇다고 이 작품 하나만을 한 학기 내내 할 수가 없다. 다른 작품도 함께 배우면서 교과 평가를 진행해야 하기 때문이다. 제한된 시수 내에서, 나가야 할 진도를 확보하고, 이후 평가와 교과 세특 기록까지 준비해야 하니 이를 위한 특별한 수업 방법을 고안해 내야 할 상황이다.

'한국 문학 작품에 반영된 시대 상황을 이해하고 문학과 역사의 상호 영향 관계를 탐구한다.'라는 성취 기준을 들여다보면 여러 질문이 스쳐 간다. 학생들이 작품의 시대적 배경을 심도 있게 이해하고 '이 시대를 살아가는 인물이 되어서 등장인물의 행동을 평가한다면? 작가가 숨겨 놓은 소재의 의미를 이해하고 자신의 삶과 연관 짓는다면? 등장인물의 갈등 상황을 열띠게 토론한다면?' 등의 여러 질문이 떠올랐고, 이를 여러 작품보다는 하나의 작품으로 집요하게 물고 늘어져 보는 것이 훨씬 기억에 남을 것이라고 생각했다. 이런 고민 끝에 '소설 속 역사 이야기' 프로젝트를 고안하게 되었다.

'프로젝트 수업'은 이러한 상황에서 궁리해 낸 방법이다. 학생들이 주도하여 하나의 소설 작품을 깊이 있게 토론하고 이에 대해 발표함으로써 작품의 의미를 알 수 있도록 하는 것이다. 당연히 평가와 교과 세특 기록까지 진행할 수 있는 장점도 있다. 물론 이를 위해서는 치밀한 준비가 있어야 한다. 교과 선생님들의 동의는 필수이고, 가끔은 해당 학년 전반을 홀로 진행해야 하는 경우도 있다. 시행해 보며 고민을 하나씩 해결해 가는 것이 낫겠다 싶어 몇 해 전부터 소설 수업에 '프로젝트 수업'을 진행하였다. 여기에 실린 사례들은 그간의 수업을 거치면서 나름대로 정리한 것들이다. 여러 번의 시행 착오가 있었고, 진행하면서 잘하고 있는지, 이 방법이 괜찮은 것인지 확신이 서지 않을 때도 있었다. 여전히 마음에 들지 않는 구석은 있지만 조금씩 나아지고 있다는 것은 분명하다.

어려움이 있지만 산문 교육은 중요하다. 우리 삶의 모습을 가장 있는 그대로 전달할 수 있으며, 그 삶에 아름다운 가치를 부여할 수 있기 때문이다. 이는 우리가 문학 작품을 가까이 해야 하는 이유이기도 할 것이다. 이를 위해 우리는 계속 나아가야 한다고 생각한다. 우리들의 고민은 이렇게 계속될 것이다.

국어 수업을 시작하겠습니다

해결책 찾기, 시도

함께 모여 과제 해결하기

이 수업은 프로젝트 수업으로 총 10차시로 수업이 진행되며, 차시마다 학생들은 모둠별로 모여 학습지를 기록하며 활동이 진행된다. 또한 모둠장을 맡은 학생은 매 차시의 수업 내용을 모둠장 일지에 기록하고 교사의 피드백을 받는다.

프로젝트 순서는 다음과 같다. 먼저, 교사가 선정한 근·현대 문학사 대표 단편 작품 5편의 설명을 듣고, 마음에 드는 작품을 골라 모둠을 편성한다. 하나의 작품으로 몰리거나, 친한 친구들끼리만 모이거나, 성취도가 높은 학생들끼리 편중되는 등 고르지 못한 모둠 편성을 방지하기 위해 자원을 받아 모둠장 5명을 선정하고(*모둠장은 매 차시 모둠장 일지를 작성해야 하고 역할 부담이 큰 만큼 수행평가 가산점이 부여됨), 모둠장은 제비뽑기로 작품을 고른다. 모둠장이 고른 작품을 알지 못한 채 나머지 조원들은 작품의 설명만 듣고 모둠이 구성된다. 다음으로 모둠원들은 진지하게 토의하며 자신의 역량에 맞는 역할을 분담한다. 이때, 모둠원 모두가 발표에 참여해야 한다는 것을 명시하고, 단 한 명도 무임승차하거나 한 명이 도맡아 하는 일이 없도록 교사가 역할 분담을 잘 조율해야 한다. 역할을 분담하고 나서는 작품을 모둠별로 모여 읽고, 작품에 대한 생각과 궁금한 점, 좋았던 구절과 그 이유 등을 자유롭게 나눈다. 자유롭게 생각을 나누면서, 혼자 읽었을 때는 미처 발견하지 못한 작품의 중요한 구절, 인물 관계 등에 대해 이해할 수 있게 된다. 활자에 취약한 학생들은 종종 유튜브 영상 작품에 대한 소개 등을 참고하며 작품을 심도 있게 이해하기도 한다. 작품을 다 감상하고 나면, '의미 있는 질문 만들기' 활동을 한다. 이 활동은 매우 중요한 활동으로 강조가 되는데, 이때 만든 질문으로 토의·토론 논제가 정해질 수 있고, 프로젝트 주제에 대한 방향성이 정해지기도 하며, 발표 시 청중의 흥미 유발 퀴즈로 사용되기 때문이다. 질문 만들기가 끝나면, 소설 장르에 대한 이론 수업이 이루어진다. 프로젝트 주제를 정하기 전, 발표 자료를 탐색하기 전에 소설 장르에서는 어떤 부분을 중점적으로 분석해야 하는지 헤매는 학생들에게 소설 장르에 대한 심도 있는 이해를 돕는다. 소설의 개념, 요소, 구성 요소(인물, 사건,

배경), 시점과 거리 등의 문학 개념을 이해하고 이를 각 작품에 적용해 보도록 한다.

다음으로는 발표 주제를 정하고, 프로젝트 방향성을 구체적으로 설정한다. 발표에서 작품에 대한 소개를 해야 하므로, 작품 내용 중 감명 깊은 내용에 대한 생각 나누기를 토대로 '작가가 작품을 통해 하고 싶은 이야기는 무엇일까?', '인물, 배경, 사건 설정에 담긴 작가의 의도는 무엇인가?', '작품의 배경이 되는 시대와 시대 사람들의 가치관에 대한 평가한다면?', '이 작품과 연관 있는 우리 주변의 이야기는 어떨까?', 또 다른 작품과 비교하기(주제, 소재가 같은 다른 작품과 인물, 사건, 배경, 문체, 주제 등을 비교하여 작품을 평가하기) 등 다양한 탐구 방법을 소개하고, 모둠원끼리 자유롭게 발표 주제와 방향성을 설정하도록 한다. 주제가 정해지면 작품 탐구와 함께 본격적인 자료 조사가 이루어진다. 작품 속 역사 이야기 토의·토론 활동에 들어가서는 작품에 어떤 역사적 사건이 담겨 있는지, 이를 어떻게 파악 가능한지, 역사적 사건이 인물에게 미친 영향, 함께 생각해 보면 좋을 문제는 무엇이 있는지, 이해가 잘 안 되는 부분, 인물이나 사건에서 중요한 역사적 내용 등에 대해 토론·토의할 것을 안내한다. 모둠원들은 논제를 정하면 열띤 토론·토의를 진행하고, 쟁점이 되는 내용들을 정리한다. 이때, 무엇보다 모둠 토론·토의 논제를 잘 정하고, 이를 설득력 있게 뒷받침할 수 있는 근거를 만드는 과정이 중요하므로, 교사가 논제 설정 방법과 그 중요성에 대해 강조한다. 또한 전 차시에 찾은 다양한 자료를 활용하여 신뢰성과 타당성이 있는 근거를 들 수 있도록 안내한다. 이 모든 과정을 거쳐 모둠 발표를 하게 된다. 모둠 발표 전에 15~20분 이내, 발표 형식은 자유, 발표 내용은 3~7단계의 내용을 적절히 넣을 것, 모둠 전원 발표, 반 전체를 위한 학습지 제공, 발표 정리 부분에 퀴즈가 들어가면 좋다는 대략적인 발표 가이드라인을 안내한다. 발표 모둠마다 다양한 형식으로 진행하기에 보는 재미가 있다. 연극, 인터뷰 방식, 편지글, 게임 방식, 재판 등 아이디어가 샘솟는 시간이다. 한 모둠이 나와서 발표하면, 청중이 되는 네 모둠은 발표 과정에 참여하며 상품을 받기도 하고, 발표 모둠이 제공한 학습지와 퀴즈를 함께 풀어야 한다. 교사는 발표 모둠의 청중과의 호응을 주의 깊게 관찰하고, 청중의 태도도 함께 평가에 반영한다. 이때, 청중 모둠은 발표가 끝난 후 바로 동료 평가를 진행한다. 동료 평가는 정성 평가로 진행되며, 구체적인 서술이 들어가고 교사는 이를 참고할 수 있다.

9차시부터는 개인 활동으로 진행된다. 서평 쓰기 활동에 앞서서 책 내용 소개, 책을 읽고 생각하거나 다짐한 내용, 작가가 책을 통해 이야기하고자 하는 것, 가장 인상적인 장면이나 대사, 추천해 주고 싶은 사람, 책 속 이야기와 연관된 나 또는 우리 주변의 이야기 등 서평에 넣으면 좋을 내용을 안내하고 자유로운 형식의 진솔한 서평을 쓸 것을 안내한다. 이때, 감동적이고 눈물을 자아내는 다양한 서평을 만날 수 있다. 10차시는 드디어 대단원의 막이 내리는 시간이다. 학생들에게 프로젝트에 기여한 나의 역할과 소감 보고서 작성하기 방법을 안내한다. 이 부분에서 교사가 알 수 없는 작은 역할까지(단체 모둠 채팅방에서 어떤 기여를 했는가, 비협조적인 모둠원을 위해 어떤 역할을 했는가 등) 상세히 적을 것을 안내하고, 이는 과목 세부능력 특기 사항에 기재될 수 있음을 안내한다. 간혹 거짓으로 진술하는 학생들이 있기에 보고서 작성이 끝나면 반드시 모둠원들의 확인 서명을 받아야 한다. 모둠장은 마지막 모둠장 일지를 작성하여 이를 제출하며 마무리된다. 개요는 다음과 같다.

영역	문학	지도 대상(학교급, 학년)	고등학교 2학년
성취 기준			

영역	문학	지도 대상(학교급, 학년)	고등학교 2학년
성취 기준	[12문학03-03] 주요 작품을 중심으로 한국 문학의 갈래별 전개와 구현 양상을 탐구하고 감상한다. [12문학03-04] 한국 문학 작품에 반영된 시대 상황을 이해하고 문학과 역사의 상호 영향 관계를 탐구한다.		
수업 얼개	1-2 차시	1. 모둠별 역사적으로 의미 있는 작품 1편 선정하기 - 교사가 시대별(일제 강점기, 전후 소설, 1960~80년대 소설 등)로 의미 있는 5편의 작품(「만무방」, 「치숙」, 「오발탄」, 「우상의 눈물」, 「아홉 켤레의 구두로 남은 사내」)을 선정하여 소개- 책을 선정한 이유 공유하기 2. 모둠원 역할 분담하기 - 모둠장 : 모둠장 일지, 발표문 작성, 프로젝트 총괄(모둠원이 하는 역할 포함) 등 - 모둠원 : 자료 조사 및 자료 수합, PPT 제작, 학습지 제작, 발표 등	
	3-4 차시	3. 작품을 감상하고, 모둠별 학습지를 채우면서 감상 공유하기 - 좋은 구절, 기억하고 싶은 내용, 궁금한 내용, 줄거리 요약 등으로 구성된 학습지 4. 의미 있는 질문 만들기 - 질문 만들기 차트지(1-4단계 질문 : 바로 찾을 수 있는 질문, 생각하고 탐색하는 질문, 저자와 나 사이의 질문, 나 자신에게 하는 질문)를 활용하여 모둠별로 10개 이상의 질문 만들고 공유하기	

5-6 차시	5. 장르 이해하기 '소설' - 소설의 개념, 요소, 구성 요소, 시점과 거리 등 소설의 장르에 관한 수업 6. 프로젝트 주제 설정 및 작품 탐구하기
7-8 차시	7. 작품 속 역사 이야기 토의, 토론하기 8. 모둠 발표하기
9- 10차시	9. 서평 쓰기 10. 프로젝트에 기여한 나의 역할과 소감 보고서 작성하기/모둠장 일지 제출하기

교수·학습 자료 (예시)

실제 학생의 사례로 이해를 돕고자 한다. 예시 모둠은 일제 강점기 소설 「치숙」(채만식)을 선정하여 참신한 발표 아이디어와 심도 있는 역사적 쟁점의 토론으로 청중의 큰 호응을 얻었던 모둠이다. 모둠원 각자의 개성을 잘 살려 성공적인 협업 프로젝트의 표본이 이런 것이 아닐까 하는 생각이 들게 해 주었다.

1차시 소설 선정 시 소설에 매력을 느끼도록 하는 교사의 설명이 중요하다. '소설 속 역사 이야기' 프로젝트인 만큼 교사가 역사적인 맥락에 대한 자료 조사를 통해 구체적으로 설명하면 흥미를 끌기 쉽다. 이 모둠은 특히 채만식 작가의 생애에 큰 흥미를 보였다. 또한 모둠장을 중심으로 모둠원 전체가 누구도 비협조적인 학생이 없는 모둠 구성이었다. 무엇보다 소설 자체에도 큰 흥미를 가지고 있었으며, 역할 분담을 할 때 힘든 역할을 나서서 자처하는 모습을 보였기에 수월한 2차시 역할 분담 시간이 되었다.

채만식의 「치숙」은 고어 사용이 많고, 지역 방언으로 서술되어 내용 독해 자체에 어려움이 있는 소설이다. 따라서 설명이 없으면 해석이 어려워 주석이 줄줄이 달려 있었는데, 오히려 내용 이해에 어려움을 주었다. 이 모둠은 3차시 작품 감상 시간에 작품을 읽고 나서 이해가 어려웠던 부분에 대해 충분한 대화를 나누며, 한 사람도 줄거리와 인물, 사건 이해에 어려움이 없도록 했다. 4차시 질문 만들기 단계에서는 보통 2개씩 질문을 각각 만들고 이를 통합하는 모둠이 많은데, 이 모둠은 각각 최대한 많은 질문을 만들고 마음에 드는 질문을 투표하며 10개의 질문을 결정했다. 이 때문에 질문을 다음 단계에서 활용하는 데 큰 도움이 되었다.

5차시에서는 소설의 개념에 대한 자세한 이론을 넣어 수업을 진행하였다. 소설의 개념부터 소설의 3요소와 소설의 구성 요소, 시점과 거리에 따른 차이, 인물을 분석하는 방법, 배경의 효과 등 자세한 이론 수업을 진행하였다. 개념 이론 수업은 고등학교 1학년까지의 교육과정을 잘 따라온 학생이라면 부분적인 문학 개념이 정립되어 있어서 생략할까도 고민하였으나 소설을 바라보는 총체적인 눈을 길러 주기 위해 빼지 않았다. 학생들은 이론 수업을 듣고 4단계까지 놓치고 있던 부분을 바라볼 수 있으며 심도 있는 분석을 하게 되고, 구체적인 프로젝트 주제와 방향성을 잡아갈 수 있다. 이론 수업의 단계를 프로젝트 시작 부분에 넣을까도 생각하였으나 이내 생각을 바꾸었다. 학생들이 작품을 형식에 구애받지 않고 자유롭게 읽어 보고 생각을 나누는 데 방해가 될 수도 있다고 생각했기 때문이다.

6단계에서 이 모둠은 프로젝트 주제와 방향성을 설정하고 발표 전체 틀을 잡았다. 다양한 아이디어가 쏟아져 나왔는데, 줄거리를 편지글로 대체하겠다는 계획이 참신했다. 청중에게 보낼 편지를 하나하나 편지지에 넣어 발표 전, '우리 반 금쪽이들에게'라는 제목으로 미리 발송했다. 발신인은 작품 속 조카였다. 심리테스트 게임에 대한 아이디어도 좋았다. 이를 통해 작품의 주제를 관통하며, 청중에게 울림을 주겠다는 계획이 참신했다. 7단계 토론 단계에서는 토론 시간이 부족해 따로 모여 토론을 마저 진행했다고 했다. 이 모둠이 토론을 시작하기 전, 심도 있는 자료 조사 및 생각을 정리하는 모습과 팽팽한 토론 과정에서 프로젝트의 성공을 확신했다. 심도 있는 의견 나누기가 이 프로젝트의 성공 키이기 때문이다.

8단계 발표는 매우 인상적이었다. 편지글로 시작되는 발표는 이 형식만으로도 청중의 흥미를 충분히 끌었고, 편지 낭독으로 줄거리를 전부 짐작할 수 있었으며, 인물의 성격, 유형, 인물 간의 관계까지 파악이 가능했다. 재판으로 진행된 토론 형식도 좋았다. 시대적 배경을 고려한 역사적 쟁점을 다룬 토론 과정에서 심도 있는 설명이 더해져 청중이 이해하는 데 큰 도움이 되었다. 심리테스트를 통

국어 수업을 시작하겠습니다

해 선택지를 고르며, 선택에 따른 점수를 부여하고, 각자의 역사관에 따른 선택을 통해 주제를 도출해 내는 방식이 매우 참신했다. 자신의 역사관에 대한 점수가 부여되어 청중들이 재미있어 하면서도, 낮은 점수에 뜨끔해하기도 하는 모습이 인상적이었다. 올바른 역사관을 가졌어도, 선택의 밸런스를 맞추어 올바른 선택을 한다는 것이 어려울 수 있음에 발표의 주제가 훌륭하게 전달된 것이 보였다.

발표의 말미에 가서는 약간 먹먹해지는 감동이 왔다. 일제 강점기를 살아간 다양한 인물의 유형과 살아가는 이야기, 그들 간의 관계성을 학생들만의 재치와 빛나는 아이디어로 효과적으로 보여 준 발표였으며, 이를 진행한 학생들이 진심으로 이 과정을 즐겼다는 것을 알 수 있어서 감동이 밀려왔다. 이제 실제 학습지의 내용을 바탕으로 프로젝트 진행 단계를 제시하여 이해를 돕고자 한다.

가. 학습지

○○고등학교 2학년 (○)반 (○)번	(2)모둠 이름(김○현)
4. 한국 문학의 갈래와 흐름	소단원 프로젝트 활동
4-2. 서사 갈래의 흐름 '소설 속 역사 이야기'	

·성취 기준

[12문학03-03] 주요 작품을 중심으로 한국 문학의 갈래별 전개

와 구현 양상을 탐구하고 감상한다.

[12문학03-04] 한국 문학 작품에 반영된 시대 상황을 이해하고 문학과 역사의 상호 영향 관계를 탐구한다.

·프로젝트 단계

1단계. 모둠별 1편 선정하기

1모둠	일제 강점기 소설 1
	김유정, 「만무방」 | 응칠은 왜 만무방(*염치가 없이 막된 사람)이 되었을까? 일제 강점기 농민으로 사는 응칠과 응오 형제의 삶을 통해 1930년대 궁핍한 농촌 현실에 대한 비판 의식을 보여 준다.
2모둠	일제 강점기 소설 2
	채만식, 「치숙」 | 조카의 시선으로 바라보는 치숙(*어리석은 아저씨)에 대한 평가를 통해 일제 강점기를 살아가는 지식인의 삶을 풍자한 소설. 또한 이를 통해 조카의 시선에 대한 의문을 품게 한다.
3모둠	광복 직후-한국 전쟁 소설
	이범선, 「오발탄」 | 한국 전쟁 후 양심을 지키며 살아가는 '철호'의 삶이 암담한 현실 속에 좌절된다. 가야 할 방향을 모르는 세상의 '오발탄'이 된 것 같은 상황 속에서 어떻게 삶을 이끌어 가야 할까?
4모둠	1960~1980년대 소설 1
	전상국, 「우상의 눈물」 | 1970년대 말 도시의 한 고등학교에서 벌어지는 이야기를 통해 선의로 치밀하게 포장된 권위주의와 권력에 대한 비판적 시선을 다룬 소설. 벌거벗은 폭력과 합법적인 권력의 갈등을 다루고 있다.
5모둠	1960~1980년대 소설 2
	윤흥길, 「아홉 켤레의 구두로 남은 사내」 | 대학을 나왔지만 현실의 부조리로 사회에 적응 못 하고 도시 변두리 인생으로 전락한 인물을 관찰자의 시점으로 서술한 소설. 1970년대 도시 빈민, 서민들의 삶을 보여 준다.

작가	책 제목
채만식	치숙
책을 고른 이유	설명을 들을 때 가장 흥미로웠던 점은 채만식이라는 작가가 친일파였는데 훗날 반성하고 돌아섰다는 점이었다. 그의 일생이 매우 흥미로웠고, 그의 사상이 담긴 작품이 궁금해졌다. '부끄러운 숙부'라는 제목과 줄거리를 볼 때, 친일파의 시선에서 지식인의 모습이 어떻게 그려질까 궁금해 이 작품을 선택했다.

2단계. 모둠원 역할 분담

모둠장	모둠원	역할
김0현	김0현	발표 리더, PPT 제작
	정0서	발표, 학습지 제작
	천0상	자료 조사 및 자료 수합, 발표
	유0연	발표, 자료 조사 및 자료 수합
	정0혁	발표, PPT 제작

3단계. 작품 감상하기

좋은 구절	'나라라는 게 무언데? 그런 걸 다 분간해서 이럴 건 이러고 저럴 건 저러라고 지시하고 그 덕에 백성들은 제각기 제 분수대로 편안히 살도록 애써 주는 게 나라 아니오?' - 작품 해설을 보면 조카 '나'는 완벽히 나쁜 사람인가? 라는 질문이 나온다. 나는 그 말과 연관 지어서 이 말이 가장 인상 깊었다. '나'는 나라를 팔아먹고 막대한 부를 취하려는 인물이 아니다. 그저 생계를 위해서 부단히 노력한다. 하지만 '나'의 가치관은 옳지 않다. 그의 시점에는 조국이 없다. 하지만 어쩌면 '나라'의 문제가 있지 않을까? '나'가 바라는 나라가 나라다운 역할을 못하고 있기 때문에 '나'는 나라에 대한 신의가 없지 않을까 하는 생각이 들었다.

기억하고 싶은 내용	· 조카가 생각하는 사회주의 vs 고모부가 생각하는 사회주의 조카 : 열심히 돈을 번 사람들의 돈을 뺏어서 게으른 사람들에게 나눠 주는 부당함. 고모부 : 광복을 위해서 죽기 전까지 온 힘을 다해서 지켜 감. → 그 당시 지식인들은 광복을 위해서 사회주의를 택했다. 하지만 일본 제국주의 는 자본가들의 이익만을 허용하는 자본주의로 사회주의를 매우 싫어했다. 하 지만 왜 지식인들은 사회주의를 택했을까? 모든 사람에게 똑같이 배분한다는 게 왜 사회주의의 이념이 되었으며, 당시 식민지 사회에 어떤 도움이 되었을까 궁금했다. · 조카는 나쁜 사람인가? → 생계를 위해 친일파가 된 조카를 나쁜 사람이라고 볼 수 있는가? 그렇게라도 살아가는 게 옳은 일일까?
내용 요약	이 책에는 어린 조카와 고모부가 나온다. 고모부는 동경 유학을 다녀온 유학파이며 경제학 공부를 했으며 나이도 서른 세 살이나 먹었다. 하지만 그런 고모부를 4년제 보통학교밖에 나오지 못한 스물 한 살의 조카가 비판한다. 우선 고모부는 일제 강점기를 살아가는 지식인으로서 사 회주의 운동을 하다가 5년간 수감되어 병에 걸린다. 그런 고모부를 조카가 애정 하는 고모가 극진히 보살피고 홀로 생계를 이끌어 가는 모습에 조카의 눈에는 고모부가 무능하고 하릴 없는 사람이라고 보인다. 반면에 조카는 일본에게 우호 적이다. 일본의 문화를 사랑하고 존경함을 넘어 조선에게 적대적인 모습까지 보 여 준다. 또한 어떻게든 일본 사람이 되기 위해서 부단히 노력한다. 이런 조카의 눈에 고모부는 부지런하기보다 무능하고 사회주의 운동을 하는 불한당이라고 보며 그만두기를 바라고 있다. 하지만 고모부는 조국의 광복이 오기까지 사회주의 운동을 계속하겠다고 말하 며, 조카의 저주에도 불구하고 슬그머니 살아난다. 이 책은 당시 지식인과 친일파 의 대립을 그리며 두 인간상을 동시에 비판하는 풍자소설이다.

4단계. 질문 만들기

- '질문 만드는 방법'을 참고하여 모둠에서 10가지 이상 질문 만
  들기(각 단계별 하나의 질문 포함할 것)

1단계 ('바로 찾을 수 있는' 질문)	텍스트 안에서 사실적 질문 만들기	- 주인공의 꿈은 무엇이었나? - 이 글의 핵심어는 무엇인가? - 낱말과 구의 의미를 묻는 질문 - 이 사건이 일어난 때와 장소는? - 사람, 장소, 대상, 사건에 대한 설명과 관련된 사실 적 내용을 확인하기 위한 질문(육하원칙에 따른 질문)
2단계 ('생각하고 탐색 하는' 질문)	텍스트 안에서 추리, 상상적 질문 만들기	- 이 글을 요약한다면? - 주장에 대한 근거/이유를 묻는 질문 - 이 글은 무엇에 관해 설명하고 있는가? - 설명을 위해 어떤 근거/예시를 제시하고 있지? - 저자가 말하려는 바, 즉 주장을 묻는 질문 - 이것들(이 사람들) 사이의 차이점/공통점은 무엇 인가?
3단계 ('저자와 나 사이의' 질문)	저자에 대한 질문 만들기	- 이 근거들은 실제로 참일까? - 차라리 이것이 더 낫지 않은가? - 왜 저자는 이 문제에 관심을 가졌는가? - 이 소설에서 저자는 왜 이렇게 결론지었을까? - 이 근거로부터 그런 주장이 나올 수 있을까? - 이 글의 주인공은 어떤 사람인가(성격, 가치관 등)? - 이 그림/사진/그래프를 통해 무엇을 말하고자 했 는가?

4단계
('나 자신에게
하는' 질문)
	나에게서
	질문 만들기
		- 왜 ~ 한 것이 문제가 될까?
		- ~한 문제에 대한 나의 생각/의견은?
		- ~한 문제에 대한 나의 대안/해결책은 있나요?
		- 만약 내가 [이 이야기의 주인공처럼] ~한 상황에
		  놓이면 나는 어떤 행동을 할까?[나라면 어떻게 할
		  까?]

단계	우리 모둠이 만든 질문	우리 모둠이 만든 질문의 답
1단계	아저씨의 투옥 생활은 몇 년이었는가?(퀴즈)	5년
1단계	조카의 최종 학력은?(퀴즈)	4년제 보통학교 졸업
1단계	'너두 딱한 사람이다!'의 의미는?(발표 키워드)	조카의 계획을 듣고 일본에게 충성해서 생계를 꾸려 나가는 모습이 어찌 보면 불쌍하다는 의미가 내포되어 있다.
2단계	고모는 왜 아저씨가 딴 살림을 차린 걸 알면서도 헌신했을까?	'이 애가 시방'이라는 말을 통해 아저씨의 행동을 알지만 그게 나쁜 일은 아니라고 생각이 들었기 때문이다.
3단계	작가가 풍자하는 인물은 누구인가?(발표 주제)	시대 전체 → 발표 시 세부 요소 분석 예정
3단계	작가가 사회주의를 옹호하는 인물과 대립하는 인물과의 관계를 주제로 선정한 이유는 무엇인가?	그 당시 시대에서 대표 이념 갈등으로 나타났기 때문이다.
4단계	나였다면 대학을 나와서 사회주의 운동을 했을까? (발표 시 흥미 유발 유도 질문)	추후 토론 예정
3단계	조카는 나쁜 사람인가? (토론 주제)	추후 토론 예정
4단계	내가 고모였다면 고모부를 잘 돌보았을까?	추후 토론 예정
3단계	조카를 아저씨를 비판하는 인물로 설정한 이유는 무엇인가?	아저씨의 모순된 모습을 비판 + 조카의 무지함 비판

5단계. 장르 이해하기 : 소설

갈래 개념에 대한 수업이 아래와 같이 진행된다.

국어 수업을 시작하겠습니다

소설은 작가의 상상력으로 창조된 허구의 세계를 사건과 인물로 구성해 현실감 있게 표현한 산문 문학이다. 소설의 주요 요소로는 주제(작가의 중심 사상), 구성(사건의 짜임새), 문체(언어의 독특한 사용 방식)가 있다. 또한, 인물(사건의 주체), 사건(갈등 중심의 이야기 전개), 배경(시간과 공간의 정황)이 중요한 역할을 한다. 시점은 서술자의 위치에 따라 1인칭, 3인칭 등으로 나뉘며, 거리감은 서술자, 독자, 인물 간의 심리적 간격을 의미한다. 이를 통해 소설은 주제를 드러내고 독자에게 다양한 미적 경험을 제공한다.

6단계. 선정한 작품에 대한 탐구

탐구하기 좋은 내용

1. 작품에 대한 소개 : 인물 관계도, 시·공간적 배경, 사건(플롯), 갈등, 의미 있는 소재, 문체, 시점 등
2. 작품 내용 중 감명 깊은 내용에 대한 느낌, 생각
3. 작가가 작품을 통해 이야기하려는 내용이 무엇인가, 또는 인물, 배경, 사건 설정에 담긴 작가의 의도가 무엇인가?
4. 작품의 배경이 되는 시대와 시대 사람들의 가치관에 대한 평가, 또는 이 작품과 연관된 우리 주변의 이야기
5. 또 다른 작품과 비교하기 : 주제, 소재가 같은 다른 작품과 인물, 사건, 배경, 문체, 주제 등을 비교하여 작품을 평가한다.

우리 모둠의 프로젝트 주제
이 시대의 나쁜 사람은 누구인가?
우리 모둠이 탐구한 내용(간략하게 키워드 정리)

1) 작가 채만식이 풍자하는 인물
① 조카 : 일제 강점기의 친일파
② 고모부 : 일제 강점기의 사회주의 운동가이지만, 경제적으로 무능하고 부도덕한 사람
2) 조카
① 배경 ② 토론 내용 발표 ③ 채만식의 풍자
3) 고모부
① 배경 : 사회주의 → 독립운동과의 연관성 ② 고모와의 관계성 ③ 채만식의 풍자
4) 결과 : 나였다면?
① 선택지 → 심리테스트 게임 ② 달라지는 결과
 기본내용 : 줄거리(편지), 퀴즈(학습지), 작가(PPT 소개)

7단계. 작품 속 역사 이야기 토의, 토론하기

토의, 토론하기 좋은 내용

1. 작품에 어떤 역사적 사건이 담겨 있는지, 이를 어떻게 파악 가능한지, 역사적 사건이 인물에게 미친 영향, 함께 생각해 보면 좋을 문제 등.
2. 이해가 잘 안 되는 부분에 대해서도 서로 의견을 나눈다.
3. 인물이나 사건에서 중요한 역사적 내용에 대해 토론하며 쟁점이 되는 내용들을 정리한다.

국어 수업을 시작하겠습니다

	내용 정리
내용	[토론 논제 및 토론 내용 정리] * 논제 : 조카는 나쁜 사람이다. **<찬성 : 조카는 나쁜 사람이다>** – 근거 1 : 응당 인간이라면, 조선 사람인 아버지와 어머니 사이에서 태어난 조선 사람인 조카는 조선의 피가 흐른다는 사실을 굳이 말하지 않아도 알고 있을 것이다. 또한, 우리 민족이 일본에 의해 갖은 폭력과 억압을 당하고 있는 현실 속 조선 사람이라면, 조선의 편을 들어야 한다는(?) 암묵적 사실을 중요하게 여기지 않을 수 없다. 하지만 조선 편을 들지 않는 데다가 조카는 소설 속에서 숙부에 대해 "죽어야 하고 또 죽어서 마땅해요."라고까지 언급한다. 기본적인 도리를 갖춘 사람이라면 다른 사람의 죽음까지 바라는 조카를 윤리적인 시각에서 긍정적으로 바라볼 수 없는 것이 도리일 것이다. 대부분의 조선 사람들과 다른 시각을 가진 것에도 모자라 사람의 죽음까지 바라는 조카를 좋은 사람으로는 볼 수 없다. 근거 2 : 이 소설의 제목인 '치숙'은 '어리석을 치痴, 아저씨 숙叔'이라는 '어리석은 아저씨' 즉, 자신의 바보 같은 숙부를 의미한다. 이 소설은 조카의 시선에서 아저씨를 비판하는 1인칭 주인공 시점으로 서술된다. 조카는 자신의 숙부가 대학까지 나왔음에도 무능하고 자신의 아내인 고모까지 책임지지 못하는 아저씨를 비판하며 그렇게는 살지 않을 것이라는 다짐을 한다. 하지만, 현재의 시각에서 이 소설을 배우는 우리는 아저씨를 비판하지 않고, 역사의식이 부재하고 무지한 시각을 갖춘 조카를 더욱 비판하게 된다. 이처럼 어떠한 시대에 읽어도 조카를 옹호하는 시각은 없을 것이다. 근거 3 : 우리가 아는 일제 강점기 속 가장 유명한 저항 시인을 떠올린다면 당연스럽게 '윤동주'를 떠올리게 되는 것을 알 수 있다. 소설 속 '조카'와 시인 '윤동주'가 어떻게 아는 사이였겠냐만, 여기서 집중해야 할 지점은 (우리의 현재 시각 속) 같은 시대에 존재했던 인물임을 생각할 수 있다. 자신의 신념을 굳게 지켜 오고 일제에 저항하며, 심지어는 아무것도 하지 못하는 현실에 괴로워하던 윤동주와 같은 사람들을 떠올려 보자. 그럼 자동적으로 일본과 일본인을 우호적으로 대하는 조카의 태도는 더욱 받아들여지기 힘들 뿐만 아니라 대비되어 오히려 더욱 부각되게 된다.

<반대 : 조카는 나쁜 사람이 아니다>

- 근거 1 : 일제 강점기라는 상황에서는 윤리적 배경보다 역사적 배경이 중요하다. 보통의 경우에는 윤리적 배경이 훨씬 중요하지만, 실제로 우리나라가 당시 처해 있던 상황을 생각해 보면 과연 윤리적 배경을 먼저 고려하는 것이 옳은지 고민하게 된다. 먼저 일본의 태도 때문이다. 우리나라는 일본의 식민지였고 일본은 우리나라에 우호적이지 않았다. 폭력은 일상이었고 자유와 권리는 조선의 국왕조차도 가지고 있지 못했다. 일본을 비하한다면 몰살당하는 것은 기본이고 심심풀이로 사람을 죽이는 말도 서슴지 않았다. 그런 상황에서 조선인들이 제 목소리를 낼수 있었을까? 윤리적 배경은 중요하지만, 윤리적인 삶을 살 수 없는 조선인들에게 역사적 배경이 훨씬 큰 부피였을 것이다. 조카가 친일파라는 사실을 부정할 수는 없지만 모든 친일파를 똑같은 무게로 대할 수 없다는 역사적 배경에서 오는 무게를 무시할 수 없다.

- 근거 2 : 조카의 삶에서 일본인들은 조선인보다 낫다. 조카의 인생은 비극이다. 부모는 없고 그나마 남은 고모는 고모부의 항일 행위로 고생만 한다. 그런 상황에서 조카는 생계를 유지하기 위해서 일본인 집에서 사실상 식모 일을 했다. 일본인은 조카에게 어땠을까? 친절하게 대해 주고 결혼까지 주선해 주고 조카의 삶을 꾸릴 수 있게 돈도 지급한다. 그렇다면 조카에게 조선은 어땠을까? 조카가 바라는 조선은 조카가 삶 같은 삶을 살게 돕는 정도면 됐었지만, 그것도 못하는 힘 없는 나라였다. 조카의 삶에서는 조선보다 일본이 선^善이고, 조선인보다 일본인이 선이다. 조카는 자연스럽게 일본인이 되고 싶었을 거고, 마치 일본을 자신의 문화처럼 생각했다. 조카의 출생이 조선이라는 이유로 조카의 행동은 친일 행위가 되었지만, 그의 인생에 비추어 보면 마냥 덮어놓고 나쁘다고는 볼 수 없다.

- 근거 3 : 일본의 억압과 고모부의 삶은 조선에 대한 조카의 인식에 부정적 영향을 미쳤을 것이다. 일본은 그 당시 조선인들의 문화를 억압하고 일본의 문화를 들여왔다. 그런 일본의 문화를 쉽게 접하게 된 조선인들은 문화 사대주의적 태도를 가지기 쉬웠다. 또한 고모부의 삶은 조카가 보기에 형편 없었다. 바람을 피워 고모를 윤리적으로도 힘들게 했을 뿐만 아니라 생계도 유지 못하는 무능한 사람이었다. 조카의 삶에서 고모부와 일본의 억압을 일본의 의도대로 일본에 우호적인 사람을 만들기 위한 과정이었을 것이다. 그런 과정에서 변한 조카가 나쁜 사람이라고만 정의 내리는 것은 옳지 않다.

국어 수업을 시작하겠습니다

찬성(조카는 나쁜 사람이다)	의견	반대(조카는 나쁜 사람이 아니다)
- 조선인이라면, 일제 강점기라는 시대적 상황 속 윤리적 배경이 더 중요하다. - 현재의 시각에서는 조카의 무지와 소시민적인 가치관을 더욱 비판하고 있다. - 일본의 강압적인 통제에도 신념을 지키는 사람들이 있다.		- 일제 강점기라는 시대적 배경을 고려했을 때, 역사적 배경이 더 중요하다. - 조카의 시각에서는 일본인들이 더 나은 삶을 영위하고 있다. - 일본의 억압과 고모부의 삶은 조선에 대한 조카의 인식에 부정적인 영향을 끼쳤을 것이다.

- 우리 조가 내린 결론 : 조카는 나쁜 사람이 아니다.

8단계. 모둠 발표(전원 발표)

발표 시 유의할 점

- 모둠 발표 15분~20분 이내
- 발표 형식은 자유
- 발표 내용은 1~7단계의 내용을 적절히 넣을 것(6, 7단계 중요)
- 모둠 전원이 돌아가면서 발표할 것
- 모둠장이 발표문 작성하여 제출(발표문은 PPT에 담긴 발표 내용을 간략하게 개요, 조직도로 작성해도 됨)
- 반 전체를 위한 학습지 제공해야 함(미리 와서 파일을 주면 선생님이 인쇄해 줌)
- 발표 정리 부분에 퀴즈가 들어가면 좋음
- ★다른 모둠은 그 작품을 읽지 않았지만, 마치 읽은 것처럼 느끼도록

9단계. 서평 쓰기(개별 과제)

학번 : ○○○   이름 : 김○현

[이런 내용을 써 보세요] 책 내용 소개 / 책을 읽고 생각하거나 다짐한 내용 / 작가가 책을 통해 이야기하고자 하는 것 / 가장 인상적인 장면이나 대사 / 추천해 주고 싶은 사람 / 책 속 이야기와 연관된 나 또는 우리 주변의 이야기 등

제목 : 옳지 않은 것과 나쁜 것에 대해서 (읽은 책 : 채만식, 「치숙」)

우리는 누구를 나쁘다고 하는가? 우리는 누구를 옳지 않다고 하는가?

그리고 그 기준은 과연 무엇인가? 「치숙」을 완벽하게 읽었다면 이 세 가지의 질문이 둥둥 떠다닐 것이다. 「치숙」을 읽기 전 먼저 알아야 하는 것은 작가 '채만식'이다. 첫째로 그가 풍자의 달인이라는 것과 둘째로 그의 생애다. 풍자의 달인이라는 사실은 대부분 알고 있지만 그가 어떤 인생을 살았는지 모른다. 그리고 대부분 그가 친일파였다는 대목에서 놀랄 것이다. 그는 『민족의 죄인』이라는 책에서 자신을 고백했다. 그가 일본의 강압을 이기지 못하고 친일파가 되었다는 부끄러움과 그럴 수밖에 없었던 친일파 채만식의 삶을 그렸다. 그의 인생을 안다면 1명이던 주인공이 3명으로 보이는 신기한 일이 일어난다. 그리고 그 3명의 죄에 대해 생각하게 된다. 이 책을 읽으며 가장 심도 있게 고민한 부분이다. 그들의 죄는 무엇인가? 우리는 흔히 독립운동가를 숭고한 희생을 한 선망의 대상으로 보고 일본에 복종한 인간들은 파렴치하게 본다. 하지만 막상 '나는 그 당시에 누구였을까?'를 꺼내 놓고 이야기를 하면 독립운동가를 택하는 친구가 적다. 나는 이 부분이 이 책의 완곡한 풍자를 짚고 있다고 여겼다. 조카가 했던 행동은 옳지 않지만 그게 죄일까? 그래서 조카는 완벽하게 나쁜 사람인가? 그렇다면 고모부는 완벽하게 좋은 사람인가? 그 어떤 질문에도 완벽한 긍정도 부정도 하지 못하게 채만식은 치숙을 통해 막았다. 그리고 그 이유에 대해 다시 생각했다. 결국 채만식이 궁극적으로 풍자한 대상을 고민했다. 그리고 그 답을 책의 한 구절에서 찾았다. '나라라는 게 무언데?' 결국 채만식은 일본에게 나라를 빼앗긴 조선과 나라를 빼앗은 일본을 풍자하던 것이 아닐까. 그래서 내가 두 인물에 대해 아직까지도 정의를 내리지 못하는 것이다.

채만식의 「치숙」은 우리를 몇 번이고 다시 생각하게 한다. 그건 친일파뿐만 아니다. 선망의 대상으로 여기던 독립운동가도 마찬가지이다. 나는 이 책을 이 삶을 살아가는 죄인들에게, 즉 모두에게 전하고 싶다. 그리고 올바른 삶에 대해, 이 시대의 죄인에 대해 생각해 보는 계기가 되었으면 좋겠다. 그래서 보편적인 죄인의 기준보다 채만식의 부끄러움의 감정처럼 스스로 올바른 자세에 대해 알게 되면 좋겠다. (아, 채만식은 역시 풍자의 달인이다.)

국어 수업을 시작하겠습니다

10단계. 프로젝트에 기여한 나의 역할과 소감 보고서 작성하기(세부능력 특기사항 반영)

나의 역할 (최대한 상세하게 쓰기)	나의 역할 : 발표 리더, PPT 제작, 모둠장 (추가 : 학습지 수정, 토론 개요서 작성, 단체채팅방 운영, 대본 작성) ① 발표 리더 책 제목의 의미, 목차, 재판 진행, 게임 진행, 발표 마무리를 담당했다. 또 다른 친구들의 대본을 제작하여 간단한 발표 흐름을 잡고 시간을 재며 발표 연습을 주도했다. ② PPT 제작 (내용, 제작 담당) → 전체 제작 편지 줄거리 설명 : 이론적인 설명은 청중의 호기심 유발에 불리하여 편지를 직접 제작하여 나눠 주고 모둠원은 목소리를 빌려 낭독까지 하자는 아이디어 제시 후 실행하였다. 재판 : 재판 아이디어를 내 문답식 구성, 변호인 구성, 의견 받기 등을 실행하였다. 게임 : 1등을 주제로 한 게임을 만들고 그곳에 담긴 의미를 대본에 적어 전달하였다. 게임 자체에 재미 요소를 넣기 위해서 '당신은 이완용?', '해고' 등의 글을 작성하였다. ③ 학습지를 검수하여 글씨체, 표 설명, 단톡방에 자료 공유, 토론 시 의견을 종합한 개요서 작성 등
프로젝트 소감 및 배운 점	이번 프로젝트는 꿈으로 꿀 만큼 재밌었다. 할 수만 있다면 두 번도 하고 싶을 정도로 1학기 중 가장 즐겁고 행복한 활동이었다. 우선 이번 발표에 참신한 아이디어가 많은 게 좋았다. 아이디어가 많으니 목소리가 작은 우리 반도 발표 제목을 모두 기억하는 모습에 놀랐다. 또한 그 아이디어로 친구들에게 깨달음을 줬다는 것에 감동받았다. 사실 가장 비중을 둔 건 게임이었다. 1등을 중시하는 게임에서 그걸 아님을 밝히는 반전으로 재미와 교훈 두 마리 토끼를 잡고 싶었다. 의도한 대로 이루어져서 기뻤다. 모둠 발표를 하면 나는 내 성화에 이기지 못하고 혼자 다 한다. 이번에도 PPT 제작은 성에 안 차서 거의 혼자 다 하긴 했지만, 깊은 생각을 유도하는 윤상, 에너자이저 윤서, 편지를 꿀보이스로 낭독해 준 윤혁, 맡은 바 임무를 철저히 해내는 서연 덕분에 혼자 많은 것을 것을 해도 힘들지 않았다. 최고의 모둠원들이 이룬 최고의 모둠이었다! 발표 프로젝트 수업은 힘이 들더라고 누구나 한 번쯤 경험해 봤으면 좋겠다. 가장 큰 즐거움을 만날 수도 있으니!

나. 모둠장 일지

이 자료는 「오발탄」(이범선) 조의 모둠장 일지로 대체하여 이해를 돕고자 한다.

문학사 프로젝트 모둠장 일지

2학년 (○)반 (3)조 모둠장 : 전○율

날짜/ 프로젝트 단계	공유 과정(상세히)
○월 ○일 프로젝트 1,2 단계 -작품 선정 -모둠 역할 분담	- 조 아이들과 선정 이유 공유 유빈 : 지금은 핫플레이스가 된 해방촌의 옛 모습이 궁금하다. 솔미 : 작가가 실제로 월남을 했다는 점이 흥미롭게 다가와서 실제 이야기를 더 조사해 보고 싶다. 동하 : 선생님의 설명을 듣고 결말이 궁금해졌다. 나율 : 이전에 시나리오로 접한 작품이라 소설로도 보고 싶다. 주석 : 작가의 사회비판적 안목이 어떻게 드러나는지 알고 싶다. - 조장의 주도하에 각자 자신 있는 역할을 분배함. - PPT 제작 : 동하 / 자료 조사 : 유빈, 주석 / 학습지 제작 : 나율 / 자료 수합 및 자료 선택 : 솔미
○월 ○일 프로젝트 3 단계 -작품 감상 공유	- 유빈 : 삶에 지친 아내가 딸을 보며 웃는 장면이 기억에 남음. 6·25 이후 시대상의 열악한 상황 속 가장으로 살아가는 철호가 대단하다고 발표함. - 솔미 : 철호가 충치를 뽑고 난 후 보이는 행동이 안타깝고, 허탈하고 슬픈 심정이 공감이 됐다고 발표함. - 주석 : 영호의 필사적으로 살아야겠다는 의지가 드러난 구절들, 영호와 철호가 각각 다른 담배를 피우는 장면에서 서로 다른 가치관이 드러나는 것 같아 인상 깊다고 함. 친구들의 큰 호응을 얻음. - 동하 : 철호의 성실한 모습을 닮고 싶고, 아내의 죽음 이후 사랑니를 뽑는 장면이 슬퍼서 기억에 오래 남았다고 발표함. - 나율 : 철호의 딸의 순수한 모습과 상황의 비극성이 대조되어 기억에 오래 남았다고 발표함. - 모둠원들과 철호와 영호 중 본인이 비슷한 인물이 누구인지 이야기해 봄. 그 결과 영호 3명, 철호 2명이라는 결과가 나왔고, 반반 대립이 됐기에 추후 토론을 진행할 계획을 세움.

국어 수업을 시작하겠습니다

○월 ○일 프로젝트 4 단계 -질문 만들기	- 모둠원들이 각각 2개의 질문을 만듦. 1단계 질문을 만든 솔미와 주석의 질문 중 시대적 배경 및 어머니가 "가자!"라고 외치는 이유에 대한 내용을 PPT에 넣기로 결정함. (관객 호응 유도) 주석은 대사에 빈칸을 넣은 질문도 만들었는데, 색다른 아이디어여서 모둠원들의 큰 호응을 얻음. 2단계 질문 중 유빈이 만든 질문은 줄거리 설명을 할 때, 호응 유도 자료로 사용하기로 계획함. 동하의 질문이었던 '충치의 상징적 의미'(2단계 질문)도 퀴즈로 선정함. 나율의 4단계 질문은 추후 프로젝트 발표에서 소주제로 선정하여 철호와 영호 중 누구의 의견이 더 합리적인지 토론할 계획을 세움. - 각자 말한 질문을 발표에서 어떻게 사용하면 좋을지 상의하는 시간을 가짐.
○월 ○일 프로젝트 5,6 단계 - 소설 장르 이해 - 프로젝트 주 제 설정 및 작 품 탐구	- 주제 선정 과정 : 4단계에서 만든 질문 중 이 작품의 핵심이라고 생각됐던 부분인 철호와 영호의 의견 대립을 바탕으로 '극단적인 시대상 속 무엇이 합리적인가?'를 나율이 주제로 제시하고, 모둠원들의 동의를 얻어 주제로 선정함. 모둠장이 전체적 틀을 만듦. (줄거리→인물 분석→작품 분석→시대적 배경 설명→토론 내용 발표→퀴즈) - 나율 : 작품 분석에서 '충치'의 상징적 의미를 넣자는 제안, 공간적 배경은 <해방촌 게임>인 선택 게임을 제작하여 설명하자고 제안함. 토론을 발표하며 직접 재현해 보자고 제안함. 내용 퀴즈를 <띵커벨>이라는 게임으로 제작하자고 제안함. - 주석 : 줄거리 설명을 자신이 직접 영상으로 제작하여 설명하자고 의견을 제시하고, 조원들의 적극적인 지지를 얻어 영상 제작을 하기로 함. - 동하 : PPT 제작을 맡아 발표 준비를 하기로 함. - 솔미 : 발표 개요 작성 이후 바로 자신의 역할인 '인물 조사'를 하고 정리해서 보냄. - 유빈 : 발표 개요 작성 이후 '해방촌'에 대해 자료 조사 및 자료 정리 후 보냄. PPT 개요 작성 후 각자 역할 분담한 대로 역할을 충실히 수행함. - 영상(줄거리) 제작 – 주석 / 인물 자료조사 – 솔미 / 해방촌 자료 조사 – 유빈 / PPT 제작 – 동하, 나율 / 학습지, 게임, 퀴즈 제작 – 나율
○월 ○일 프로젝트 7,8 단계 -작품 토의, 토론 -모둠 발표	- '철호와 영호 중 누가 더 합리적인가?' 논제 제시 철호팀 : 나율, 동하 / 영호팀 : 솔미, 주석 / 사회자 : 유빈으로 토론 진행함. 나 : '합리적'의 사전적 의미 '이치에 맞다' 즉, '정당하다'이다. 철호와 영호 중 정당성을 두고 따졌을 때, 윤리적인 행위가 이치에 맞으므로 철호 측의 의견이 더 합리적이다. 또한 비윤리적으로 돈을 벌었을 때, 처음에 괜찮을지라도 갈수록 정신적 부담감이 커진다는 것을 근거로 제시하여 입론함. - 솔미, 주석 : 양심과 생존 중 생존이 삶의 우선순위이다. 양심과 윤리를 지키는 것도 생존을 위해 지키는 것이다. 이러한 시대상에서 돈이 곧 생존이라고 볼 수 있다는 근거로 입론함. - 동하 : 생존을 위해 살인을 포함한 비윤리적 행위가 정당화되는가? 그것은 인간의 도리가 아니라고 반론함. - 주석 : 가족을 살리기 위해, 비극적 현실을 탈피하기 위해 한 번쯤의 비윤리적 행동은 허용할 수 있다고 반론함.

다. 평가 기록

〈학생 #〉의 세부능력 및 특기사항 작성 예시

과목별 세부능력 및 특기사항 (평가에 따른 학 생 개인별 과정 중심 평가 기록 핵심내용 추출)	이범선의 「오발탄」을 주제로 한 '소설 속 역사 이야기' 프로젝트에 참여함. 이 과정에서 모둠장으로서 매우 뛰어난 리더십과 조직 능력을 발휘함. 모둠원의 역할을 적절히 배분하여 각자의 강점을 살리며 효율적인 작업 환경을 조성하였고, 의미 있는 질문 만들기에서 '나라면 당시 철호와 영호 중 누구의 입장을 택했을까?'라는 질문을 심화 발전시켜 토론 논제로 선정하였으며, 작품의 주제를 깊이 있게 탐구할 수 있는 기회를 마련함. 철호 측의 입장을 맡아 설득력 있는 논거로 입론하여 철호의 심리적 갈등과 가치관을 잘 이해하고 이를 바탕으로 열띤 토론을 이끎. 발표 준비 과정에서 작품의 배경이 되는 해방촌을 효과적으로 설명하기 위해 해방촌 게임을 활용하자는 참신한 아이디어를 제안하고, 당시 해방촌에 대한 철저한 자료 조사를 통해 훌륭한 게임을 만들어 청중의 뜨거운 관심을 받음. PPT 제작과 학습지 제작을 담당하며 완성도 높은 산출물을 만들어 냈고, 청중의 참여를 높이기 위해 배틀 게임 방식으로 내용 퀴즈를 중간중간 넣어 몰입도를 높임. 극단적 상황 속 비윤리적 선택을 보여 주기 위한 게임 스토리를 구상하고, 선택지에 따라 달라지는 결말로 작품의 주제를 암시적으로 표현한 점이 매우 훌륭했음.
	'소설 속 역사 이야기' 10단계 프로젝트 활동에서 「만무방」(김유정)을 선정함. 이 과정에서 모둠장으로서 뛰어난 리더십을 발휘하며 프로젝트를 주도적으로 이끎. 모둠원들의 강점을 고려하여 역할을 적절히 배분함으로써 팀의 효율성을 높였으며, 모둠장 일지를 작성하며 전체 활동을 체계적으로 관리함. '응칠이 적극적으로 도둑을 잡으려고 한 이유는?' 등의 질문을 제안하며 작품의 주제를 깊이 있게 탐구하도록 유도하며, 각자의 의견을 나누고 논의하는 데 중요한 역할을 함. 학습지 제작과 발표 대본 작성을 담당하여 내용을 명확하게 정리함. 발표 준비 과정에서는 자료를 효과적으로 배치하고, 발표의 흐름을 고려하여 대본을 구성하는 데 심혈을 기울임. 발표 진행을 맡아 발표의 전체적인 진행을 책임졌으며, 청중과의 소통을 위해 애씀. 특히, 벼 도둑 사건의 용의자들의 알리바이와 해명을 듣는 탐정 게임이라는 참신한 아이디어를 도입하여 발표를 구성한 것이 인상적이었음. 이 게임은 청중의 흥미를 끌고 몰입도를 높였으며, 발표 중 다양한 시나리오와 선택지를 제시하여 청중이 마치 탐정이 된 듯한 경험을 할 수 있도록 유도하여 큰 호응을 얻음. 리더십과 창의성을 발휘하여 모둠활동을 성공적으로 이끈 학생임.
	윤흥길의 「아홉 켤레의 구두로 남은 사내」를 주제로 한 '소설 속 역사 이야기' 프로젝트를 수행함. 이 과정에서 모둠장 역할을 맡아 프로젝트 초기 단계에서부터 모둠원들의 의견을 수렴하고, 작품의 이해를 돕기 위한 의미 있는 질문을 구상하는 데 주도적으로 참여함. '내가 권 씨라면 자존심을 지켰을까?'라는 질문을 통해 권 씨의

국어 수업을 시작하겠습니다

과목별 세부능력 및 특기사항 (평가에 따른 학 생 개인별 과정 중심 평가 기록 핵심내용 추출)	심리적 갈등을 탐구하고, 그에 대한 통찰을 공유한 활동이 특히 인상적이었음. 또한, '내가 오 선생이었다면 돈을 빌려주었을까?'라는 논제를 제시하여 반대 측 입장에서 설득력 있는 논거를 마련하며 팽팽한 토론을 이끌었으며, 다른 모둠원들의 이해를 돕기 위해 심화 질문을 추가로 개발하여 각자의 생각을 깊이 있게 나누도록 유도함. 발표 대본과 모둠장 일지를 체계적으로 작성하며, PPT와 학습지 제작을 총괄하는 역할을 담당하며 뛰어난 리더십과 협업능력을 보여 주었으며, 각 자료에 대한 첨삭을 지시하여 발표의 완성도를 높이는 데 기여함. 청중의 흥미를 유도하기 위해 퀴즈를 활용하여 청중과의 소통을 활성화시키며, 효과적인 발표 전략으로 큰 호응을 이끌어 냄. 이 활동을 통해 문학 작품에 대한 비판적 사고와 심도 있는 분석 능력을 키우며 문학 과목에서 뛰어난 성취를 이룸.
	'소설 속 역사 이야기' 10단계 프로젝트에서 「치숙」(채만식)을 선정하여 인상 깊은 구절을 공유하고 의미 있는 질문을 작성한 뒤 발표하는 활동을 수행함. 이 과정에서 질문 만들기 활동에서 참신하고 깊이 있는 질문을 제시하여 모둠의 분석과 토론을 풍부하게 만듦. '작품 속에서 타고난 복에 의해 부자와 가난한 사람이 나뉘는 것이 공평한 천리라고 하는데 이에 대한 의견은?', '나는 옥에서 나온 남편의 병수발을 들었을까?' 등의 질문은 작품의 주제와 인물의 심리를 깊이 이해하는 데 도움을 주었으며, 모둠원들과의 활발한 의견 교환을 촉진함. 인상 깊은 구절을 소개하는 활동에서도 의미 있는 구절을 선정하고, 그 구절의 중요성과 함의를 탐구하며 작품에 대한 이해의 폭을 넓히는 것이 인상적이었으며, 작품의 깊이 있는 해석과 통찰력을 보여 줌. 프로젝트 전반에서 협업 능력과 창의적인 아이디어가 돋보였음. 특히 게임 방식으로 프로젝트를 제안하여 모둠활동을 더 흥미롭고 참여도 높은 방식으로 진행하는 데 기여하며, 모둠의 동기 부여와 프로젝트의 전반적인 완성도를 높이는 데 중요한 역할을 함.
	한국 주요 작품에 반영된 시대 상황을 이해하고 문학과 역사의 상호 영향 관계를 탐구하는 '소설 속 역사 이야기' 10단계 프로젝트 활동에서 전상국의 「우상의 눈물」을 선정하여 좋은 구절 나누기, 소설 속 의미 있는 질문 만들기 활동을 바탕으로 토의·토론 단계를 거쳐 발표함. 이 과정에서 작품의 인물 관계도와 인물 유형을 면밀히 분석하였으며, 소설의 줄거리를 5단계 구조로 정리하여 모둠원들에게 소설의 전반적인 내용을 효과적으로 안내함. 소설 속 두 가지 폭력의 차이점을 정리하여 작가가 전달하고자 하는 메시지를 통찰하고, 이에 따른 시대적 배경을 조사하여 발표 자료를 충실히 준비하여 모둠 발표에 크게 기여함. 특히, '이 소설의 진정한 악역은 누구인가?'라는 논제를 제시하여 담임, 형우, 기표 측으로 나뉘어 열띤 토론을 이끌었으며, 담임과 형우파의 입장에서 설득력 있는 논거를 제시하며 팽팽한 논의를 진행한 점이 인상적이었음. 모둠장으로서 모둠원의 의견을 수렴하고 조율하는 리더십이 돋보였으며, 작품을 넓은 관점에서 바라보는 능력과 함께 뛰어난 토론 및 발표 능력을 보여 줌. 문학적 사고와 협업 능력이 우수하며, 앞으로의 학습에서도 그 잠재력을 더욱 발전시킬 것으로 기대됨.

그리고, 남는 생각들

　이 수업을 시도해 보려는 동료 선생님들이 있으시다면, 예시로 든 작품 외에도 문학사에서 의미 있는 다양한 작품 중 학생들이 더 흥미를 가질 작품을 선정하는 것도 좋을 듯하다. 매번 프로젝트를 진행할 때마다 작품 선정에서 고민이 많았는데, 길이와 깊이에서 다섯 작품 모두 비등하면서, 문학사적으로 의미 있는 작품 선정이 어렵다. 다양한 작품을 알고 있다면 프로젝트 수업이 훨씬 다채로워질 것 같다. 또한 방향성을 잡지 못하는 모둠원들에게 차시마다 모둠장 일지를 점검하면서 적절한 피드백을 주는 과정이 매우 중요하다.

　이 수업은 교사와 학생 모두의 성장에 큰 도움이 된다. 수업 매너리즘에 빠져서 수업이 참 어렵고 힘든 시간을 오래 보내다가 이 수업을 계기로 다양한 수업 변화를 시도하게 되었으며, 학생들의 깊은 고민과 열린 생각, 다양한 가능성을 발견하게 되며 극복할 수 있었다. 학생들 개개인의 개성과 생각을 발견하기 좋은 활동이므로, 생활기록부 과목 세부 특기사항 기재에 큰 도움이 된다. 모둠활동이기에 조원끼리 끈끈해지기도, 다툼이 일어나기도 하지만 협업심을 기르는 데 도움이 된다. 학생들은 활동 당시에 힘들어했으나, 졸업 후에 찾아오는 학생들은 가장 기억에 남는 고등학교 활동으로 문학 프로젝트를 꼽을 정도로 기억에 오래 남는 활동이라고 해 주었다. 또한 문학 프로젝트 이후로 독서에 흥미가 생겼으며, 독서 토론 방법을 알게 되었다고 한다. 따라서 기억에 오래 남는 문학 수업을 꿈꾼다면 도전해 볼 만한 수업이라고 생각한다.

국어 수업을 시작하겠습니다

초판 1쇄 2025년 2월 15일

글쓴이 | 우리말 수업 연구회
펴낸곳 | 도서출판 단비
펴낸이 | 김준연
편 집 | 최유정
디자인 | 김선미
등 록 | 2003년 3월 24일(제2012-000149호)
주 소 | 경기도 고양시 일산서구 고양대로 724-17, 304동 2503호(일산동, 산들마을)
전 화 | 02-322-0268
팩 스 | 02-322-0271
전자우편 | rainwelcome@hanmail.net

ISBN 979-11-6350-135-0   03370

값 18,000원